"十四五"国家重点出版物出版规划项目
交通运输科技丛书·公路基础设施建设与养护
跨海交通集群工程智能化运维系列丛书

跨海长大桥隧交通智能监控与预警

景强 傅挺 刘坤 王俊骅 靳引利 编著

人民交通出版社

北京

内 容 提 要

本书依托国家重点研发计划项目"港珠澳大桥智能化运维技术集成应用"部分研究成果编写，是"跨海交通集群工程智能化运维系列丛书"中的一本。

跨海长大桥隧具有独特的战略地位及结构线形，这使其在运营过程中，交通监控与运维面临极大挑战。基于跨海长大桥隧的交通监控与预警智能化需求，本书对跨海长大桥隧交通运营安全风险评价智能化、异常事件感知与研判技术等内容进行了阐述，具体包括：跨海长大桥隧交通智能监控、智能预警、风险识别与评估、系统建设方案搭建、预警策略和信息发布等理论、技术和实践经验。相关内容为跨海长大桥隧交通运营期间风险智能监控技术的发展提供了理论支撑和方向指导。

本书内容属于交通智能运维领域，适用于高速公路，尤其是长大桥隧智能运维领域的研究人员、专家学者和工程建设人员等。

图书在版编目(CIP)数据

跨海长大桥隧交通智能监控与预警／景强等编著.
北京：人民交通出版社股份有限公司，2024.9.
(跨海交通集群工程智能化运维系列丛书). — ISBN 978-7-114-19858-8

Ⅰ.U448.19-39;U459.5-39

中国国家版本馆 CIP 数据核字第 2024CU0764 号

Kuahai Chang Da Qiaosui Jiaotong Zhineng Jiankong yu Yujing

书　　　名：	跨海长大桥隧交通智能监控与预警
著 作 者：	景　强　傅　挺　刘　坤　王俊骅　靳引利
责任编辑：	侯蓓蓓　刘　彤　黎小东
责任校对：	赵媛媛　魏佳宁
责任印制：	刘高彤
出版发行：	人民交通出版社
地　　址：	(100011)北京市朝阳区安定门外外馆斜街 3 号
网　　址：	http://www.ccpcl.com.cn
销售电话：	(010)85285857
总 经 销：	人民交通出版社发行部
经　　销：	各地新华书店
印　　刷：	北京市密东印刷有限公司
开　　本：	787×1092　1/16
印　　张：	11.25
字　　数：	178 千
版　　次：	2024 年 9 月　第 1 版
印　　次：	2024 年 9 月　第 1 次印刷
书　　号：	ISBN 978-7-114-19858-8
定　　价：	70.00 元

(有印刷、装订质量问题的图书，由本社负责调换)

交通运输科技丛书编审委员会

(委员排名不分先后)

顾　问：王志清　汪　洋　姜明宝　李天碧

主　任：庞　松

副主任：洪晓枫　林　强

委　员：石宝林　张劲泉　赵之忠　关昌余　张华庆

　　　　　郑健龙　沙爱民　唐伯明　孙玉清　费维军

　　　　　王　炜　孙立军　蒋树屏　韩　敏　张喜刚

　　　　　吴　澎　刘怀汉　汪双杰　廖朝华　金　凌

　　　　　李爱民　曹　迪　田俊峰　苏权科　严云福

跨海交通集群工程智能化运维系列丛书
编审委员会

主　任：郑顺潮

副主任：(排名不分先后)

　　　　陈　纯　　张建云　　岳清瑞　　叶嘉安

　　　　滕锦光　　宋永华　　戴圣龙　　沙爱民

　　　　方守恩　　张劲泉　　史　烈　　苏权科

　　　　韦东庆　　张国辉　　莫垂道　　李　江

　　　　段国钦　　景　强

委　员：(排名不分先后)

　　　　汤智慧　　苗洪志　　黄平明　　潘军宁

　　　　杨国锋　　蔡成果　　王　罡　　夏　勇

　　　　区达光　　周万欢　　王俊骅　　廖军洪

　　　　汪劲丰　　董　玮　　周　波

《跨海长大桥隧交通智能监控与预警》编写组

丛书总主编：景　强

主　　　编：景　强　傅　挺　刘　坤　王俊骅

　　　　　　靳引利

参　　　编：(排名不分先后)

　　　　　　郑向前　宋小东　常　林　周　妮

　　　　　　张　建　余　博　张兰芳　薛江天

　　　　　　程盛昆　黎成民　姚　博　罗天阳

　　　　　　廖军洪　矫成武

编 写 单 位：港珠澳大桥管理局

　　　　　　同济大学

　　　　　　长安大学

　　　　　　交通运输部公路科学研究所

总序 GENERAL FOREWORD

科技是国家强盛之基，创新是民族进步之魂。中华民族正处在全面建成小康社会的决胜阶段，比以往任何时候都更加需要强大的科技创新力量。党的十八大以来，以习近平同志为核心的党中央做出了实施创新驱动发展战略的重大部署。党的十八届五中全会提出必须牢固树立并切实贯彻创新、协调、绿色、开放、共享的发展理念，进一步发挥科技创新在全面创新中的引领作用。在最近召开的全国科技创新大会上，习近平总书记指出要在我国发展新的历史起点上，把科技创新摆在更加重要的位置，吹响了建设世界科技强国的号角。大会强调，实现"两个一百年"奋斗目标，实现中华民族伟大复兴的中国梦，必须坚持走中国特色自主创新道路，面向世界科技前沿、面向经济主战场、面向国家重大需求。这是党中央综合分析国内外大势、立足我国发展全局提出的重大战略目标和战略部署，为加快推进我国科技创新指明了战略方向。

科技创新为我国交通运输事业发展提供了不竭的动力。交通运输部党组坚决贯彻落实中央战略部署，将科技创新摆在交通运输现代化建设全局的突出位置，坚持面向需求、面向世界、面向未来，把智慧交通建设作为主战场，深入实施创新驱动发展战略，以科技创新引领交通运输的全面创新。通过全行业广大科研工作者长期不懈的努力，交通运输科技创新取得了重大进展与突出成效，在黄金水道能力提升、跨海集群工程建设、沥青路面新材料、智能化水面溢油处置、饱和潜水成套技术等方面取得了一系列具有国际领先水平的重大成果，培养了一批高素质的科技创新人才，支撑了行业持续快速发展。同时，通过科技示范工程、科技成果推广计划、专项行动计划、科技成果推广目录等，推广应用了千余项科研成果，有力促进了科研向现实生产力转化。组织出版"交通运输建设科技丛书"，是推进科技成果公开、加强科技成果推广应用的一项重要举措。"十二五"期间，该丛书共出版72册，全部列入"十二五"国家重点图书出版规划项目，其中12册获得国家出版基金支持，6册获中华优秀出版物奖图书提名奖，行业影响力和社会知名度不断扩大，逐渐成为交通运输高端学术交流和科技成果公开的重要平台。

"十三五"时期，交通运输改革发展任务更加艰巨繁重，政策制定、基础设施建设、运输管理等领域更加迫切需要科技创新提供有力支撑。为适应形势变化的需要，在以往工作的基础上，我们将组织出版"交通运输科技丛书"，其覆盖内容由建设技术扩展到交通运输科学技术各领域，汇集交通运输行业高水平的学术专著，及时集中展示交通运输重大科技成果，将对提升交通运输决策管理水平、促进高层次学术交流、技术传播和专业人才培养发挥积极作用。

当前，全党全国各族人民正在为全面建成小康社会、实现中华民族伟大复兴的中国梦而团结奋斗。交通运输肩负着经济社会发展先行官的政治使命和重大任务，并力争在第二个百年目标实现之前建成世界交通强国，我们迫切需要以科技创新推动转型升级。创新的事业呼唤创新的人才。希望广大科技工作者牢牢抓住科技创新的重要历史机遇，紧密结合交通运输发展的中心任务，锐意进取、锐意创新，以科技创新的丰硕成果为建设综合交通、智慧交通、绿色交通、平安交通贡献新的更大的力量！

2016年6月24日

序 FOREWORD

跨海长大桥隧作为交通基础设施中的咽喉要道,具备连接两地交通网络、促进区域互联互通、推动地区经济发展等重要意义,保障长大桥隧交通安全、稳定运行则是实现上述目标的先置条件。 然而,我国道路交通事故多发,跨海长大桥隧作为道路交通网络的一部分,同样面临着事故防控的问题。 同时,由于长大桥隧的建造特性,长大桥隧背景下交通运行更面临着风险多源交互复杂、事故救援困难等问题。 因此,亟须开展长大桥隧背景下的交通智能监控与预警研究。

交通智能监控与预警是保障交通安全运行的关键问题,吸引了众多国内外研究者的关注。 道路交通系统是"人-车-路-环境"组成的复杂系统,需要感知多源数据支撑风险与预警实现。 其中,车辆的轨迹数据是车辆行为的直观表征,在安全管理中具有重要的地位。 以往对于车辆轨迹的感知多采用无人机与路侧摄像头视频感知、车载传感器感知等方法,然而这些方法面临着不良天气环境下感知效果差、路段部分车辆轨迹缺失等问题。 本书的作者基于雷达-视频组群,提出广域车辆轨迹全天候感知技术,同时辅以车载端非接触视觉传感器与维养作业区风险监测设备,实现感知驾驶人状态和维养作业区状态监测,完成交通运行的智能监控,进而搭建数字孪生模型,开发交通运行平行仿真、异常状态识别、分类分级预警等关键技术,实现跨海长大桥隧的交通智能监控与预警。

依托国家重点研发计划"港珠澳大桥智能化运维技术集成应用",本书的作者将上述研究成果在港珠澳大桥进行应用示范。 具体从交通运行安全风险源辨析和智能管控基础设施建造入手,明确影响交通运行的风险来源与需构建的基础设施，进而依次开展交通运行状态感知、平行推演、异常行为辨识与预警研究，同时对维养作业区交通安全风险进行监测与管控，最终构建港珠澳大桥交通运行与风险预警系统，实现上述功能的系统集成。

本书系统性地提出了跨海长大桥隧交通智能监控与预警成套技术方法，突破了广域车辆轨迹连续感知等关键问题。相关技术方法不仅适用于当前运营中的长大桥隧工程，也适用于未来拟建设的同类项目，对于推动交通智能监控、预警管控技术的发展和应用，以及提升道路交通安全运行水平有着重要意义。

2024 年 5 月 23 日

前言 PREFACE

　　港珠澳大桥地处珠江口伶仃洋海域，是现今世界上建设规模最大、运营环境最复杂的跨海集群工程，代表了我国跨海集群工程建设的最高水平。为攻克跨海重大交通基础设施智能运维技术瓶颈，示范交通行业人工智能和新基建技术落地应用，港珠澳大桥管理局统领数十家参研单位，依托国家重点研发计划"港珠澳大桥智能化运维技术集成应用"、广东省重点领域研发计划"重大跨海交通集群工程智能安全监测与应急管控"、交通运输领域新型基础设施建设重点工程"数字港珠澳大桥"、交通强国建设试点任务"用好管好港珠澳大桥"等开展技术攻关，将港珠澳大桥在智能运维方面的积极探索以关键技术的方式进行提炼，共同撰写了"跨海交通集群工程智能化运维系列丛书"。丛书的出版，对促进传统产业与新一代信息技术融通创新具有重要意义，为国内外跨海集群工程智能化运维提供了丰富的借鉴和参考。

　　港珠澳大桥连接内地、澳门、香港三地，受三地交通法规、驾驶习惯、车辆性能等多方面因素影响，交通运行行为复杂多变。尤其在大桥右行通行规则与香港地区左行规则不一致的影响下，港珠澳大桥存在多地车辆混行的情况，导致交通运行风险上升。面对跨境特大桥隧交通基础设施交通运行管控面临的跨境车辆行为特征复杂、交通运行风险动态演变、跨海大桥天气条件多变、连续长直线形驾驶环境过度单一等特殊问题，亟须研究考虑跨境交通行为特殊性的交通运行风险演化机理与消解机制。而交通风险预警及管控依赖实时准确的交通流数据，如今随着传感技术的发展，交通数据采集技术趋于多元化。因此，本书将阐述如何通过实现港珠澳大桥全域车辆实时轨迹行为的全息感知,构建交通数字孪生系统,以实现实时发现跨境交通运行风险,并达到强针对性、高精准度、强实时性的风险预警与主动管控的目的,进而促进传统产业与新一代信息技术融通创新,为国内外跨海集群工程智能化交通监控及风险预警提供丰富的借鉴。

  本书共分9章,第1章介绍了跨海长大桥隧建设情况及相关技术发展概况,并引出了本书总体内容框架;第2章则总结了跨海长大桥隧交通运行安全风险源,明确运行安全管理主体;第3章阐述了港珠澳大桥交通运行安全风险智能管控的建设基础;第4章介绍了港珠澳大桥交通运行状态感知技术;第5章明晰了交通感知数据如何接入系统,实现交通数字孪生及平行推演功能;第6章在实现交通数字孪生的基础上,阐述了异常交通行为智能监控技术;第7章介绍了维养作业区交通安全风险监测与管控技术;第8章介绍了将上述功能集成后的跨海长大桥隧交通运行与风险预警系统相关内容;第9章对上述内容进行了总结,并介绍了大桥现状和发展趋势。

  限于作者的水平和经验,书中错漏之处在所难免,恳请读者批评指正。

作 者

2024 年 6 月

目录 CONTENTS

第1章 绪论

1.1 我国跨海长大桥隧总体建设发展情况 …… 002
1.2 高等级公路交通运行管理技术现状 …… 004
  1.2.1 长大桥隧交通运行风险管理系统发展过程与现状 …… 004
  1.2.2 交通运行状态感知技术 …… 005
  1.2.3 交通事件与危险驾驶行为辨析与干预 …… 007
  1.2.4 交通运行风险辨析 …… 008
  1.2.5 半封闭施工区及移动养护作业区交通运行安全管控 …… 009
  1.2.6 典型跨海长大桥隧交通运行智能管控技术应用 …… 010
1.3 新一代数字与通信技术下的跨海长大桥隧运行管控技术发展趋势 …… 011
  1.3.1 跨海长大桥隧运行管控技术发展趋势 …… 011
  1.3.2 港珠澳大桥交通运行管控技术 …… 013
1.4 研究内容及研究路径 …… 014

第2章 交通运行安全风险源辨析

2.1 交通运行安全风险特征 …… 018
2.2 个体交通事件与危险驾驶行为 …… 019

2.3 高风险交通流运行状态 …………………………………………… 020
2.4 交通工程因素与环境影响 ………………………………………… 022
2.5 施工区域运行风险 ………………………………………………… 023
2.6 其他风险来源 ……………………………………………………… 024

第 3 章 港珠澳大桥交通运行安全风险智能管控建设基础

3.1 智慧感知与管控配套道路基础设施 ……………………………… 028
3.2 交通管理与控制基础硬件器件与设备 …………………………… 031
　　3.2.1 可变信息标志与可变限速标志 ……………………………… 031
　　3.2.2 路侧气象站 …………………………………………………… 032
3.3 基于 5G 的跨海交通基础设施运维 IoT 建设 ……………………… 033
　　3.3.1 跨海交通基础设施运维 IoT 架构 …………………………… 033
　　3.3.2 跨海交通基础设施数据中台支撑 …………………………… 035
　　3.3.3 港珠澳大桥基础设施数字信息模型 ………………………… 038

第 4 章 港珠澳大桥交通运行状态感知技术

4.1 基于毫米波雷达的车辆多目标轨迹追踪 ………………………… 046
　　4.1.1 毫米波雷达系统总体框架 …………………………………… 046
　　4.1.2 毫米波雷达组群的车辆多目标轨迹追踪 …………………… 049
　　4.1.3 基于毫米波雷达组群数据的车道线形估算 ………………… 051
4.2 基于机械激光雷达的收费广场等大视角场景车辆
　　多目标轨迹追踪 …………………………………………………… 056
4.3 雷达组群轨迹拼接与车辆连续追踪 ……………………………… 059
4.4 卡口车牌信息提取与路域轨迹对照配对 ………………………… 061

第 5 章 港珠澳大桥交通运行数字孪生模型与运行状态平行推演系统

5.1 道路基础设施数字底座的生成 …………………………………… 066
　　5.1.1 二维数字底座 ………………………………………………… 067

5.1.2 三维数字底座 ·· 069
5.2 轨迹与数字模型匹配校准及精度检验 ·· 073
5.2.1 基础设施坐标匹配 ·· 073
5.2.2 轨迹数据与数字模型匹配 ·· 074
5.2.3 轨迹精度验证方法 ·· 075
5.3 交通数字孪生构建 ·· 076
5.3.1 智慧设施数字孪生 ·· 076
5.3.2 基础信息、交通运行数字孪生 ····································· 077
5.4 交通运行状态预测模型 ·· 079
5.5 平行仿真中台搭建 ·· 080
5.5.1 平行系统技术理论模型 ·· 080
5.5.2 平行仿真中台构建方法 ·· 084

第 6 章 | 跨海长大桥隧异常个体交通行为动态辨识预警技术

6.1 异常个体交通行为辨识与研判技术 ··· 088
6.1.1 异常个体交通行为界定及内涵 ····································· 088
6.1.2 异常交通行为辨识方法 ·· 092
6.1.3 异常交通事件研判技术 ·· 093
6.2 异常个体交通行为分类分级预警技术 ·· 094
6.2.1 跨海长大桥隧异常交通行为分析 ·································· 094
6.2.2 异常交通行为短临预警与分级 ····································· 100
6.2.3 基于异常交通行为的运行风险预警策略 ························· 102

第 7 章 | 维养作业区交通安全风险监测与管控技术

7.1 维养作业区交通运行特点与布局要求 ·· 106
7.1.1 维养作业区交通运行特点 ··· 106
7.1.2 维养作业控制区划分 ··· 107

7.2 维养作业区交通运行风险因素及基本控制策略 ········ 108
7.2.1 维养作业区交通安全风险分析 ········ 108
7.2.2 维养作业区的速度因素 ········ 109
7.2.3 维养作业区各区段长度因素 ········ 110
7.2.4 维养作业区设施布设因素 ········ 120

7.3 维养作业区交通实时监测与安全风险智能管控 ········ 122
7.3.1 需求分析 ········ 122
7.3.2 功能规划 ········ 125
7.3.3 系统设计 ········ 127
7.3.4 软件系统实现 ········ 129
7.3.5 作业区现场装备实现 ········ 132

第 8 章 跨海长大桥隧交通运行与风险预警系统

8.1 软件架构与功能 ········ 140
8.2 日常监控 ········ 142
8.2.1 交通状态的监控 ········ 142
8.2.2 交通运行的监控 ········ 144
8.2.3 事件的自主识别与主动上报 ········ 145
8.3 风险管控 ········ 146
8.3.1 多维风险研判 ········ 146
8.3.2 高风险车辆的雷达追踪 ········ 147
8.3.3 车道级的管控方案自动生成 ········ 148

第 9 章 总结与展望

9.1 交通风险防范与安全运维成效 ········ 152
9.1.1 全域全时轨迹感知助力交通智能监控 ········ 152
9.1.2 实时风险预警保障运行安全 ········ 153
9.1.3 主动风险管控规范车辆行为 ········ 153

9.2 尚存问题 …………………………………………………… 154
   9.2.1 风险耦合及综合治理 ………………………………… 154
   9.2.2 驾驶行为随机性与风险概率估计 ……………………… 154
9.3 未来发展趋势 ………………………………………………… 155
   9.3.1 车联网与路侧智能监控相结合的车辆预警管控模式 ……… 155
   9.3.2 完善交通运行态势精确感知和智能化调控 ……………… 156
   9.3.3 重点车辆动态信息共享和协同调控 ……………………… 157

参考文献

CHAPTER 1 | 第 1 章

绪论

作为拥有广阔海岸线和多样化地形的国家,我国在跨海交通基础设施建设方面取得了令人瞩目的成就。跨海桥隧项目不仅实现了地理区域的连通,更为经济发展注入了强劲动力,对促进区域间的互联互通和提高国民生活水平具有重要意义。本章旨在深入探讨我国跨海长大桥隧的总体建设情况,并特别关注交通智能监控与预警技术的应用和发展。

1.1 我国跨海长大桥隧总体建设发展情况

桥梁和隧道在交通基础设施中扮演着关键角色,是连接国家各地的咽喉要道和交通网络的关键节点。尤其是海洋桥隧工程,对推动加快建设国家海洋强国、交通强国,实施"一带一路"倡议,以及促进经济社会进步具有举足轻重的作用,为国家经济社会的发展提供了重要支持。

我国跨海长大桥隧的建设发展历程充满成就和挑战。20世纪90年代,我国迈出跨海大桥建设第一步。1994年建成的主跨452m的汕头海湾大桥是我国第一座现代意义上的悬索桥,位于广东省汕头市崖石海之上,是连接濠江区与龙湖区的跨海通道。1997年建成的广东虎门大桥是我国第一座大型悬索桥,位于珠江狮子洋之上,连接广州市南沙区与东莞市虎门镇,其主航道跨径888m,被誉为我国的"第一跨"。

进入21世纪,我国桥梁建设进入全面发展阶段,跨海桥隧建设蓬勃发展,先后建成了东海大桥、杭州湾跨海大桥、胶州湾大桥和舟山大陆连岛工程等10多个跨海大桥工程。2005年12月建成通车的东海大桥,全长32.5km,是我国第一座跨越外海的大桥。2011年6月建成通车的胶州湾大桥,获得国际桥梁组织颁发的乔治·理查德森奖。我国大陆海岸线总长度1.8万km,居世界第四。漫长的海岸线造福了东部经济发达地区,由于沿线的岛屿众多,跨海大桥项目成为连接沿海城市和地区的重要枢纽,大大促进了区域经济的繁荣和交通的便利。

近年来,我国桥梁建设者与科研人员在工程实践的基础上,紧跟国际桥梁建设前沿技术,不断在桥梁结构体系设计、核心材料研发、关键施工工艺、施工装备创新上刻苦攻关，许多突破世界性技术难题的桥梁得以建成，同时许多创世界之最的桥梁也在建设中。目前，在世界长度排名前10位的跨海大桥中，我国已占5座，见表1.1-1。

世界长度排名前10位的跨海大桥 表1.1-1

序号	桥名	总长(km)	国家	建成年份
1	港珠澳大桥	55	中国	2018
2	杭州湾跨海大桥	36	中国	2008
3	胶州湾大桥	35.4	中国	2011
4	东海大桥	32.5	中国	2005
5	法赫德国王大桥	25	巴林	1986
6	舟山大陆连岛工程	25	中国	2009
7	切萨皮克湾大桥	19.7	美国	1964
8	大贝尔特桥	17.5	丹麦	1997
9	厄勒海峡大桥	16	丹麦	2000
10	尼特洛伊跨海大桥	13.3	巴西	1974

港珠澳大桥堪称我国桥梁工程的杰出典范，更是我国从桥梁大国迈向桥梁强国的里程碑之作，创造了多项世界之最。首先，港珠澳大桥以世界最长的跨海大桥主体著称，总长约55km。它连接了我国的珠海、澳门和香港三地，刷新了跨海大桥的世界纪录。其次，港珠澳大桥拥有世界最长的海底隧道，隧道全长约6.7km。这一非凡成就备受全球瞩目，充分彰显了我国工程技术的高超卓越。此外，港珠澳大桥的数字化、信息化水平也令人瞩目。先进的监测系统、智能化的管理和运营，以及高效的交通管制，使大桥在各种气候条件下都能保持安全和畅通。

总体而言，我国在跨海长大桥隧建设方面取得了巨大成就，从初期的探索到现代技术的广泛应用，我国不断刷新着跨海工程的纪录。未来，我国将继续致力于提高跨海桥隧的设计、施工和管理水平，促进国家各地区的互联互通，为经济发展和人民生活的便利做出更大贡献。

1.2 高等级公路交通运行管理技术现状

1.2.1 长大桥隧交通运行风险管理系统发展过程与现状

交通运行风险是指可能对交通运行产生负面影响的各种潜在问题和事件，如交通事故、自然灾害、恶劣天气、交通拥堵等。构建桥隧交通运行风险管理系统能够提高桥隧交通运行的安全性，通过实时监测和分析潜在风险，及时发现并应对可能导致事故或交通中断的问题，从而提高整体安全水平。此外，该系统还能提高交通效率，通过预测可能的问题，帮助交通管理部门更好地调度交通流，减少拥堵，提高道路利用率。

长大桥隧交通运行管理系统在发展过程中经历了不同阶段，每个阶段都伴随着技术进步和功能拓展。早期，长大桥隧的交通运行管理方法主要是事故处置和事后分析。事故处置是指当交通事故发生时，有关机构和人员采取措施来应对事故，包括提供紧急救援、维护交通秩序、处理伤者和清理现场等，旨在最大限度地减少伤害和财产损失，保障公共安全。事后分析则是指在事故发生后，对事故的原因、过程和结果进行深入研究和评估，旨在识别事故的根本原因，以便采取措施预防未来类似事故。事后分析通常包括收集相关数据、重现事故过程、分析数据和制定改进措施等步骤。这种方法主要用于应对突发事件，如交通事故、天气突变等。当交通事故发生时，系统能够通过实时监控摄像头捕捉事故现场情况，并将信息迅速传输给相关部门，以便及时救援和处理。然而，事故处置和事后分析是被动的反应性方法，只能在事故发生后发挥作用，无法预防事故的发生。这意味着即使有良好的处置和分析系统，仍然无法完全消除交通事故。并且，事后分析需要时间收集、整理和分析数据，以确定事故原因和相关因素，这个过程可能需要很长时间，这也导致对改进交通管理的实时响应能力不足。

随着技术的进步，长大桥隧的交通运行管理系统逐渐增强了对运行风险的监控能力。这包括建立对运行事故风险实时监测和预警的系统，以监测、分析和控制桥隧的交通流量和运行状况。系统以桥隧地理信息系统（GIS）数据库为基础，通过整合桥隧自动监测设备，如交通摄像头、气象站、交通流量传感器等，进行实时数据采集,捕捉有关交通状况、天气条件和道路状态的信息。数据采集后,通过数据处理技术进行分析,提取关键信息,如交通拥堵、事故检测、恶劣天气情况等,从而实现对交通状况的实时监测,掌握交通运行状况,并迅速应对紧急事件。此外,交通运行管理系统还支持多种通信方式,包括电话、电子信息标志、导航软件等,以便将实时信息传递给使用者,提供交通建议和警告。综合而言,桥隧的交通运行管理系统是一个多层次、综合性的系统,结合了数据采集、数据分析、实时监控、事故应急响应和交通规划等多种功能,旨在提高桥隧的交通安全性、效率性和可持续性。

目前,长大桥隧的交通运行管理系统正朝着全面信息化、数字化和智能化的方向不断发展。它变得更加智能,能够感知交通状况、干预各类事件,以及控制运行风险。举例来说,在桥上配备的高清监控摄像头能够实时监测交通流量、车辆运行状况和路面状况,这些数据可以用于优化交通信号控制,提高道路利用率。并且,系统可以通过传感器实时监测设备的运行状况,提前发现潜在问题并进行维护。路侧气象站等实时数据也被用于监测路面温度和湿度,以预防暴雨、冰雪等极端天气对道路的不利影响。

总的来说,数字化、信息化、集成化和系统化是现代大桥管理的关键要素,它们有助于确保大桥的可靠性和安全性,同时提高交通管理的效率和效益。这些技术和方法的不断发展将继续推动长大桥隧管理水平的进步。

1.2.2 交通运行状态感知技术

交通运行状态感知是指利用交通信息采集技术收集交通流量、交通密度等交通流参数,从而全面了解外围和区域内部的交通分布情况,并实时监测交通运行状况。目前,交通信息采集技术主要分为三类:基于线圈技术、基于视频技术和基于波频技术。这些技术可以获取各车道的车流量、车道占有率、车速、车型和车头时距等交通信息,合理的交通流量意味着良好的交通状况。因此,交通流信息的准确采集对于交通管理和控制至关重要。

1)基于线圈技术

基于线圈技术是最早应用的一种交通断面信息采集技术,感应线圈是其代表。将感应线圈埋藏在道路下方,当车辆经过时,感应线圈会感知电场或磁场变化,从而获得交通流量、占有率、速度等断面数据。该技术的优点是不受天气等因素的影响,测量精度高,性能稳定可靠,在交通信息采集领域占据主导地位。但也存在一些缺点:首先,安装和维修线圈相对困难,需破坏路面并中断交通,导致维护成本较高,在桥梁、隧道等地形复杂区域安装尤为困难。其次,随着交通量的增加,线圈使用寿命会减少,需要更频繁地更换和维修。最后,基于线圈技术获取的交通信息较为单一,只能采集到断面信息,无法对整个交通特性进行全面采集。

2) 基于视频技术

基于视频技术是另一种常见的交通信息采集技术。通过图像处理和模式识别等技术,分析交通摄像机拍摄到的视频数据,以获取车速、车流量、占有率等基本交通信息,高清卡口监控是典型应用之一。该技术的优点是不仅能够检测基本交通信息,还能从采集到的图像中识别出车辆的号牌、颜色、车道以及车辆型号等相关信息,在违章取证和违法抓拍等方面具有不可替代的作用。随着感知设备的不断发展,视频技术的清晰度和精度不断提高。感知设备通常安装在龙门架或 L 形横梁上,便于维护且维护成本较低。在理想的气候和光照条件下,视频技术准确度高,具有内容多样性和可靠性的优势。然而,该技术也存在一些不足,如容易受到天气和光照等外界条件的影响,获取的数据信息仍然是断面信息,无法对整个交通特性进行综合采集。

3) 基于波频技术

基于波频技术也是一种常见的交通信息采集技术,主要包括微波和超声波两种方式。微波雷达探测器安装在路侧立杆上,利用雷达天线发射电磁波,当车辆经过时,电磁波被反射回来并由雷达检测器接收和处理,通过分析反射信号的频谱成分可以同时检测多车道的交通信息。超声波检测器则是通过发射超声波并接收反射的声波信号来判断车辆是否经过。这种方式具有安装维护简单、无须破坏路面和中断交通、准确度高、不受气候和光照等外界条件的影响,以及寿命长等优点。同时,它们也可以安装在线圈难以安装的路段,如桥梁和隧道等特殊区域。

综上所述,基于线圈、视频和波频技术都是常见的交通信息采集技术,每种技术都具有其优势和局限性。在实际应用中,可以根据具体需求和实际情况选择合适的技术,或者采用多种技术相结合的方式,以获得准确、全面的交通信息。

1.2.3　交通事件与危险驾驶行为辨析与干预

在交通安全领域,交通事件是指道路交通中发生的各种类型的事故、交通拥堵等;危险驾驶行为则是指一些可能增加交通事故风险的不安全驾驶行为,如超速、违反交通规则、驾驶疲劳等。交通安全是跨海桥隧运营的核心要求之一,因此,对交通事件的辨析与干预至关重要,因为它们直接关系到桥隧的安全性和运行效率。交通事件与危险驾驶行为是交通安全领域的重要研究主题,其研究不仅有助于更好地理解交通事故的产生机制,还有助于制定有效的交通安全政策和干预措施。

美国从通行能力、运行管理、应急管理三个角度对"交通事件"进行了定义,分别为:引起通行能力降低或者需求增加的活动、道路上发生的阻碍正常交通流量的活动;对正常交通运营产生不利影响的、未计划的、随机发生的活动;对公共安全或生命财产损失有影响的或有潜在影响的交通运输活动。典型的交通事件主要包括以下几种:交通事故,如各种碰撞、侧翻、追尾等意外事件,可能导致车辆损坏和人员伤亡;道路拥堵,会影响车辆流动性和通行时间;恶劣天气,如雨雪、大风等,会导致能见度下降和路面湿滑。

为实现对交通事件的辨析与干预,大桥会装备先进的实时监测系统,包括摄像头、传感器和气象站,用于持续监测交通状况。这些系统能够迅速识别交通事故、拥堵和其他事件,帮助运营人员快速做出反应。一旦发生交通事件,系统将自动向监控中心发送警报信息,以便及时干预。此外,收集的交通数据通过大数据分析,可用于预测潜在的交通事件。这使得大桥管理人员能够提前做好准备,减少事故风险。例如,通过分析历史数据,可以识别出特定时段和路段发生事故的概率较高,从而采取更多的交通管制措施,如临时限速或路段封闭,以降低事故风险。

危险驾驶行为是指驾驶人的行为,可能增加交通事件发生的风险,如超速、酒驾、分心驾驶等。交通事件与危险驾驶行为之间存在密切关联,危险驾驶行为往往是交通事件的诱因之一。深入研究交通事件与危险驾驶行为之间的关系需要考虑多个方面的研究内容,这些内容共同有助于我们更全面地理解和应对道路交通安全问题,以减少交通事故和提高道路交通的安全性。研究内容主要涵

盖以下几个方面:

(1)危险驾驶行为的识别:运用先进的技术,如车载摄像头、加速度计和惯性导航系统,记录和测量驾驶人的行为,包括超速、紧急制动、急加速、换道等。利用这些数据构建精准的危险驾驶行为模型,用于分析危险驾驶行为与交通事件之间的关联性。

(2)驾驶人特征与危险驾驶行为:研究不同驾驶人特征与危险驾驶行为之间的关系。这些特征包括年龄、性别、驾龄、驾驶经验、健康状况等。通过分析这些特征对驾驶行为的影响,确定高风险群体,从而更有针对性地制定干预措施。

(3)干预措施与预防:旨在探索有效的干预措施,减少危险驾驶行为,提高驾驶人的交通安全意识。这些干预措施包括教育和培训计划、执法和制度性改革,以及交通技术解决方案,如驾驶辅助系统等。此外,干预措施的效果评估也是重要的研究内容,以确定哪些方法最有效,以及如何实施它们。

1.2.4 交通运行风险辨析

传统的交通运行风险辨析方法主要关注事故的预测和概率分析,这些方法在交通管理领域已得到广泛应用。在这种方法中,研究人员通常通过分析历史事故数据来识别事故发生的模式和规律,将不同的交通条件、道路特征和车辆类型等因素纳入考虑范围,以建立事故概率模型。借助这些模型,可以预测未来特定条件下事故发生的可能性,进而采取措施降低风险。例如,交通管理部门可利用事故概率模型预测潜在事故热点区域,采取预防措施,如修复道路缺陷,以减少事故发生的可能性;交通智能监控系统可以运用该模型来提供实时交通预警,帮助驾驶人规避潜在危险情况,如恶劣天气和交通拥堵。然而,传统的事故风险分析方法存在一些局限性。首先,它们通常依赖历史数据,难以应对新兴交通问题。其次,这些方法更侧重于宏观层面的风险分析,难以提供微观层面的详细信息,例如个体车辆的行为。

除了事故风险分析,研究人员还关注宏观不良交通运行状态的研究,以降低运行风险。交通拥堵与交通风险之间存在紧密联系,交通拥堵通常伴随着车辆之间的密集交往和相对较低的车速,这种情况容易导致交通事故的风险上升。车辆之间的短距离跟随和频繁变道增加了碰撞的可能性,尤其在高速公路等出现拥堵情况下。此外,交通拥堵可能导致驾驶人出现不安定的行为,如紧急制动、急加速、频繁的车道变更等,这些行为增加了交通事故的发生概率。长时间处于拥堵中也可能导致驾驶人疲劳,降低其注意力,进一步增加风险。因此,关于宏观不良交通运行状态的研究聚焦于整体交通流的流畅性和稳定性,以减少交通拥堵和延误。宏观不良交通运行状态的辨析方法通常基于交通流理论和实时数据,使用交通流模型来模拟不同条件下的交通流动,识别可能导致拥堵的因素,并提出相应的改进策略。实时数据收集技术,如北斗定位系统、交通摄像头和传感器,使研究人员能够实时监测交通状态,及时干预以维持流畅交通。

随着信息化的不断深化,新一轮科技革命方兴未艾,大数据、云计算、人工智能等新兴技术应用正在不断充实智能交通系统的内涵,不断拓展智能交通技术体系的应用范围。随着各种预警感知设施与技术的不断发展,交通感知手段越来越精细化,风险管控精细度和时效性越来越不受限制。因此,微观、高精度、精准的辨析方法正在成为研究的热点。微观层面的风险辨析依赖先进的传感器和数据处理技术。例如,车载传感器可以实时监测车辆的速度、位置、加速度等参数,为精准的风险分析提供数据支持。精准辨析方法还可以结合人工智能和机器学习技术。通过分析大量数据,人工智能可以识别潜在的风险因素和模式,帮助交通管理者制定更有效的干预措施。

交通运行风险辨析是确保跨海大桥安全运行的关键环节。传统的事故风险分析方法、宏观交通运行状态研究以及新技术的应用,共同构成了综合的辨析方法体系。随着科技的不断进步,我们可以更精确地预测和干预交通运行风险,提高大桥的安全性和运行效率。这些方法的综合应用将在未来进一步完善,为跨海大桥的管理提供更强大的支持。

1.2.5 半封闭施工区及移动养护作业区交通运行安全管控

跨海大桥作为重要的基础设施,对国家的经济和社会发展起着关键作用。然而,在长期使用过程中,大桥会受到自然环境和车辆使用的影响,需要定期维护和养护,以保障其安全性和可靠性。养护工作不仅关系到大桥的寿命和性能,还直接关系到道路交通的安全和畅通。鉴于养护施工作业区的交通环境复杂、通行能力骤减、车流运行状态突变,交通事故风险远高于一般路段,所以跨海大桥的养护工作至关重要。

半封闭施工区和移动养护作业区的交通运行安全问题严峻且复杂。半封闭施工区是指在道路施工过程中，仅封闭部分施工区，而其他部分仍然对交通开放。这意味着部分道路仍然可以通行，但需要采取特殊的安全措施以确保交通运行安全，包括明确定义施工区域、设置临时交通分隔设施、管理交通流、限制车辆速度、进行智能监控和数据采集，以及制定紧急事故响应计划等。移动养护作业区是指道路维护和养护作业在不同位置进行，通常伴随着设备的移动和养护工程的进行。在这种情况下，道路维护工程通常需要在多个地点进行，涉及不同的道路部分。如何确保养护工程在多个地点进行时的安全性和质量是一个挑战，需要合理的施工流程和交通流调度，确保施工设备的安全操作，以及道路养护工人的安全。

通常在涉及养护作业时，首先，要确立明确的作业区域，包括确定施工区域的范围和位置。在跨海大桥上，通常会使用路缘、护栏或标志等设施来划定作业区域。该区域必须清晰可见，以防止驾驶人误入。标志和警示牌应当布置在合适的位置，以提醒驾驶人注意作业区域。同时，为确保车辆和行人的安全通行，需要采取措施管理交通流。通行管制的方式包括设置交通信号、引导车辆绕行、限速等。这有助于减缓交通流量，降低事故风险。同时，需确保有专门人员指挥交通，以保障交通流畅和安全。此外，定期巡查和维护以及事故处理预案也必不可少，确保在发生事故时能够迅速采取措施，降低事故的严重程度。

1.2.6 典型跨海长大桥隧交通运行智能管控技术应用

国外在跨海长大桥隧交通运行智能管控技术方面的发展较早。这些技术的发展旨在提高交通安全、减少拥堵、优化交通流、降低碳排放、提高运输效率，并为驾驶人提供更好的出行体验。

例如，日本的东京湾大桥连接日本千叶县和东京湾中心区，采用了先进的交通运行智能管控系统确保桥梁的高效运行。该系统包含大量的传感器，可监测交通流量、风速、桥面温度等参数。此外，大桥还配备了自动控制系统，可以调整路灯、交通信号和车道分配，以应对不同的交通情况。这些技术的应用有助于减少交通拥堵和事故风险。

美国的旧金山-奥克兰湾桥连接加利福尼亚州的旧金山和奥克兰,采用了先进的智能管控技术确保交通运行的顺畅和安全。该桥配备了大量的交通摄像头和传感器,可实时监测车辆流量、车速和道路状况。这些数据被传送至交通控制中心,以帮助交通管理者做出实时决策,如调整交通信号、限速和车道分配。此外,大桥上的照明系统采用了智能控制技术,能根据天气、交通流量和时间等因素自动调整灯光亮度和颜色,既提高了能源效率,又改善了夜间驾驶条件。

尽管国内在智能管控技术的应用领域起步较晚,但在跨海长大桥隧交通运行智能化方面已取得显著进展,并达到世界领先水平。国内的跨海长大桥隧积极引入先进技术,如实时交通监控系统、智能信号控制、车辆识别技术、智能导航系统等,以提高运行效率和安全性。

例如,杭州湾跨海大桥采用了一系列智能管控技术提高大桥的运行效率。大桥配备了高精度的交通流量监测系统,能够实时分析交通流量、预测拥堵情况,并自动调整车道分配和限速措施。此外,大桥还引入了智能支付系统,支持电子收费和车辆通行费的在线支付,提高了通行效率。

再如,港珠澳大桥采用了多项先进的智能管控技术。其中最引人瞩目的是大桥的实时交通监控系统,该系统整合了数百个摄像头、传感器和气象站,实时监测大桥上的交通状况、气象条件和路面状态。这些数据被传送至监控中心,以支持交通管理决策。此外,大桥还采用了车载智能终端,可以与路侧系统互通,提供导航、速度限制提醒等功能,以提高驾驶人的安全意识。

1.3 新一代数字与通信技术下的跨海长大桥隧运行管控技术发展趋势

1.3.1 跨海长大桥隧运行管控技术发展趋势

在新一代数字与通信技术的推动下,跨海长大桥隧的运行管控正朝着更加智能化、高效化、安全化的方向快速发展。本章将重点聚焦智慧感知技术、数字孪生技术、通信技术、端边云与算力技术等方面的发展趋势,并探讨未来应形成的综合体系。

1)智慧感知技术的应用

随着交通运输新基建的发展,大数据、人工智能等信息技术在交通运输领域得到广泛应用,为交通状态的动态化、精细化评估提供了技术支撑。智慧感知技术是跨海长大桥隧运行管控的重要组成部分。通过部署高精度传感器、摄像头和气象站等设备,可以实时监测交通流量、路面状况、气象变化等数据。这些数据不仅有助于事前预测和防范交通拥堵,还能提供关键的安全信息,例如风速和路面温度,以降低事故风险。未来,智慧感知技术将持续发展,实现更高精度和实时性,为跨海长大桥隧运行提供更可靠的数据支持。

2)数字孪生技术的应用

数字孪生技术将实际物理系统与数字模型相结合。在跨海长大桥隧的运行管控中,数字孪生技术可以用于模拟桥隧的实际运行情况,并进行预测性维护。数字孪生技术允许创建一个虚拟的桥隧数字模型,该模型与实际系统相对应。通过在数字孪生系统中输入实时数据,如交通流量、天气条件、结构健康状态等信息,系统可以模拟实际桥隧的运行状态,监测桥隧的运行状况。通过不断收集和更新实际数据,数字模型可以提供准确的运行状态预测,帮助运维人员及时发现问题并采取措施,从而降低运行风险,延长设施寿命。

3)通信技术的发展

随着第五代移动通信技术(5th Generation Mobile Communication Technology,5G)的普及和发展,通信技术在跨海长大桥隧的运行管控中扮演着更加重要的角色。高速、低延迟的5G网络为实时数据传输提供了强大支持,使监控中心能够更迅速地响应事件并采取措施。5G技术提供更高的数据传输速度和带宽,这对于实时监测和传输大量数据至关重要。在跨海长大桥隧的情境下,这意味着更快的数据传输,能够支持高清视频监控、传感器数据的实时采集和分析,以及其他需要大带宽的应用。5G技术还具有低延迟通信的特点,这对于要求快速响应的应用非常关键,如紧急事件响应和交通事故预警。低延迟通信可以帮助跨海长大桥隧运行管控人员更快速地获取关键信息,并采取紧急措施,以减少风险和改善交通流畅性。此外,5G技术还支持大规模物联网设备的连接,这对于隧道和桥梁内部的传感器网络以及智能交通设备至关重要,能够进一步提高智能感知系统的效率和覆盖范围。

4) 端边云与算力技术的应用

端边云计算和强大的计算能力是实现实时数据处理和决策的关键,可以更高效地管理和监控桥隧运行。跨海长大桥隧的智能管控系统将越来越依赖分布式计算和边缘计算,以满足实时性要求。通过将计算资源推送至桥隧设备的边缘,可以实现实时数据处理。例如,传感器和监控摄像头可以捕捉大量的数据,如交通流量、结构健康信息和气象数据,通过端边云技术,这些数据可以在本地进行实时分析和处理,从而提供实时的监测和反馈。这意味着更多的数据处理将在设备本身或靠近设备的地方完成,而不仅仅依赖远程云端服务器。端边云技术还支持边缘计算,使桥隧设备能够执行本地决策和控制。例如,在紧急事件发生时,边缘设备可以自动采取措施,如关闭某些车道或触发警报系统,而无须等待中央指令,这将有助于提高系统的响应速度和鲁棒性,确保在紧急情况下仍能迅速采取行动。

本书围绕跨海长大桥隧运行管控的实际需求,结合港珠澳大桥的实际工程应用,提出了跨海长大桥隧智能监控与预警系统的完整架构和实体内容,并详细介绍了智慧感知技术、数字孪生技术、通信技术、端边云与算力技术等领域的理论成果、技术前沿以及实际工程应用。未来,跨海长大桥隧的运行管控将形成一个综合的数字化体系,整合各种智能技术,包括智能感知、数字化孪生、高效通信和强大算力,以实现更安全、高效和可持续的交通运行。这一综合体系将不断演进,以适应未来交通运输领域的挑战和机遇。

1.3.2 港珠澳大桥交通运行管控技术

港珠澳大桥是连接我国香港、珠海和澳门的世界最长跨海大桥,是一项具有标志性意义的工程。为确保安全、高效运行,实现顺畅的交通流动,港珠澳大桥采用了一系列先进的运行管控技术,成为全球范围内具有示范性的大型桥隧工程。

首先,在交通流量监测方面,港珠澳大桥应用了先进的传感技术。通过在大桥及隧道入口、出口等关键位置安装高度灵敏的传感器和监测设备,交通流量监测系统能够实时获取车流量、车速、车辆类型等数据,为运行管理提供精准的信息支持。这种实时监测系统不仅有助于准确预测交通拥堵状况,还能够及时应对突发事件,提高整体交通运行效率。

其次,港珠澳大桥引入了智能监控系统,用于实时监测车辆行驶状态和道路条件。智能监控系统中的高清摄像头、激光雷达等监控设备,不仅可以识别交通违规行为,还能及时发现潜在的交通安全隐患,如车辆故障或道路损坏。通过与交通管理中心联动,系统能够快速响应,并采取措施降低潜在风险,确保大桥的安全通行。

此外,港珠澳大桥还构建了先进的交通运行数字孪生系统。通过数字孪生模型,能够实时模拟和预测交通流量的变化趋势,精准分析未来可能发生的拥堵点。数字孪生模型还能够模拟车辆行驶状态、道路状况等信息,从而提前识别潜在的安全隐患。此外,大桥还将数字孪生技术与智能交通管理系统相结合,通过数字孪生的实时数据反馈,实现对车辆行驶轨迹和道路状况的全面监控。

由于港珠澳大桥作为典型的跨海长大桥隧工程在运行管理方面取得了显著的成功,本书将重点介绍港珠澳大桥的典型应用案例。

1.4 研究内容及研究路径

本书依托国家重点研发计划项目"港珠澳大桥智能化运维技术集成应用",在攻关过程中提炼总结了有关跨海长大桥隧在交通智能监控与预警方面的先进科研技术与管理经验。其内容涵盖跨海长大桥隧运行安全风险源,以及交通运行智能监控与预警工程实践经验等多个方面,旨在为跨海长大桥隧的日常交通安全感知、运行管理及智慧化升级提供理论支持与技术支撑。

本书首先通过辨析跨海长大桥隧交通运行安全风险源,明确运行安全管理主体;随后,阐述了跨海长大桥交通运行安全风险智能管控建设基础,提出具体感知硬件的内嵌算法原理及技术实现路径;接着,在实现交通数字孪生的基础上,系统展示日常智能交通风险监控与管控功能实现的科研成果;并将各种功能集成，形成跨海长大桥隧交通运行与风险预警系统；最后，通过凝练港珠澳大桥工程建设实践经验，分析现有港珠澳大桥交通安全运营的关键问题与技术难点，给出有关交通运营智能监控与预警工程发展趋势的思考。综上，本书具体内容划分为9章，包括：绪论、交通运行安全风险源辨析、港珠澳大桥交通运行安全风险智能管控建设基础、港珠澳大桥交通运行状态感知技术、港珠澳大桥交通运行数字孪生模型与运行状态平行推演系统、跨海长大桥隧异常个体交通行为动态辨识预警技术、维养作业区交通安全风险监测与管控技术、跨海长大桥隧交通运行与风险预警系统、总结与展望。

CHAPTER 2 | 第 2 章

交通运行安全风险源辨析

本章主要剖析了跨海长大桥隧交通运行中需要考虑的风险来源。以港珠澳大桥实际交通运行中涉及的风险源为基础，驱动后续的整体工作，针对不同的风险来源进行风险预警，当风险达到一定程度时进行相应的管控。可以说，准确剖析风险来源、厘清影响风险的要素，是至关重要的前置工作。

与基本的交通安全问题一致，跨海长大桥隧的交通运行风险来源主要划分为人、车、路、环境四个方面。人的因素主要为驾驶行为特性以及异质性等，驾驶人是交通运行的主体，是决定交通运行现象的主要因素。车的因素一般是指车辆个体运动，以及车辆交互作用导致的交通流因素等。此外，对于交通运行而言，重点营运车辆如旅游客车、包车客车、三类以上班线客车和危险货物运输车辆具有潜在的事故更严重倾向，对道路系统的影响往往也更加恶劣，因此也作为单独的风险来源。道路条件和环境通常共同作用，比如交通工程的基础设施因素，以及环境气象因素等，都作为影响驾驶人和车流的外部条件，是极其重要的因素。此外，港珠澳大桥日常有大量的施工维养等工作，部分维养需要施工围蔽，使得部分作业人员暴露在交通环境当中，增加了风险，这些风险都是智能化运维实践中需要考虑的。

本章首先介绍跨海长大桥隧交通运行安全风险的部分特征，然后按照人、车、路、环境的顺序，分别介绍各个部分的风险来源，并简要介绍其他风险来源情况。

2.1　交通运行安全风险特征

跨海长大桥隧作为重点交通枢纽，在交通系统中往往起着关键的动脉作用。由于不存在行人与非机动车等因素的干扰，驾驶环境往往比较纯粹。不论是桥梁还是隧道，其共同特点是长封闭区间，即参与交通的车辆仅能从桥梁或隧道的两端进入，在中间部分通常无法离开。桥梁在某种程度上属于半封闭状态，因为桥上环境通常是开放的，与隧道不同，不存在明暗交接的问题。桥梁本身的结构性较强，现有的桥梁风险主要集中在结构破坏的部分，这不在本书的讨论范畴，而由交通荷载引起的桥梁结构失稳或垮塌也不在本文的讨论范围。

正是由于跨海长大桥隧的重要性和关键性,在其区间内发生交通事故是难以被接受的。交通事故往往是由于种种风险的积累导致的,其本质是一种随机事件,受到很多因素的制约。为了尽可能地防止事故的发生,从风险的源头把握这类风险的来源是必要的。

对于跨海长大桥隧而言,交通安全运行的基本状态,笼统来说主要有两种,分别是常态和非常态。常态一般是正常的运行态、周期性的检修、路面养护等状态;非常态则是偶发事件下对应的交通状态,如事故、极端天气、特殊事件等状态。考虑到非常态的交通状况涉及的不确定性因素较多,本章主要从常态化运营的风险来源展开介绍。这些风险来源都属于人、车、路与环境中的因素,如个体交通事件与危险驾驶行为、交通流、交通工程以及环境、重点营运车辆运输安全风险、施工区运行风险和其他因素。

2.2 个体交通事件与危险驾驶行为

交通事故作为小概率事件,一般与交通事件的发生相关,部分交通事件会演变为事故,造成更大的财产损失甚至人员伤亡。因此,交通事件的发生和前置风险是关注的重点,以实现风险预警甚至对风险进行阻断控制。这一规律可以由图 2.2-1 的事件-事故风险金字塔展现。

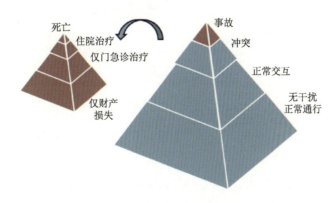

图 2.2-1　事件-事故风险金字塔

大桥中可能存在的交通事件主要包括冲卡、违法停车、倒车、超速和交通拥堵等。其中与个体相关的事件主要为冲卡、违法停车、倒车、超速。这些交通事件是酿成交通事故的关键诱因,是长大桥隧运营中需要重点检测的关键事件。

冲卡是指未经检查或收费强行闯过卡口的行为,对于跨海长大桥隧而言,一般只有收费站处存在这类行为。对于跨海长大桥隧中存在的违法停车、倒车行为,存在极大的安全隐患,《道路交通安全违法行为记分管理办法》对这类高速公路上的违法行为进行了严格的扣分管理。此外,超速也可以直接通过车辆速度判定,目前一般对超出限速10%以上的超速行为进行处罚。

驾驶行为是指驾驶人在内在与外在因素影响(包括直接与间接影响)作用下的车辆操作行为,该行为受到"人-车-路-环境"综合影响并最终表现为车辆运行现象。一般来说,特殊事件的产生与危险的驾驶行为密切相关。比如在分心、疲劳等特殊状态下行进产生危险驾驶行为,或者在常规驾驶状态下由于操作不当等因素产生的危险驾驶行为。这些行为在长大桥隧的驾驶环境中容易被放大,与相应的其他特殊因素进行耦合。一般来说,在道路交通事故致因中,与驾驶人相关的因素占比高达93%,如图2.2-2所示,且其中由于驾驶人感知、决策、操纵错误以及违法等危险驾驶行为导致的交通事故占比高达74%。因此,个体的交通事件以及危险驾驶行为是我们进行风险研判的主要基础。

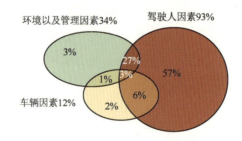

图 2.2-2　风险导致的各种事故的影响因素分析

2.3　高风险交通流运行状态

驾驶人群体的交通行为,可能会表现出部分高风险交通流现象。交通流本身主要包含了交通流的宏观、微观指标,其本身不具备风险性,但可能会成为某些风险的诱发因素,比如过近的车间距、过大的交通量,或者各种交通流参数的分布情况等。大量的事故数据表明,交通流的运行与交通事故的发生存在一定的关系,交通流中某些特征正是交通运行安全风险的重要来源。

交通流涵盖的方面多种多样,它本身就是道路交通运行的一种客观反映。而交通流运行状态可以用交通流参数进行表达,即交通流参数的变化规律能表现高速公路的交通流运行风险状态。交通流参数通常包含两个方面,即宏观和微观。宏观参数主要是指从道路出发,分析港珠澳大桥中整体性的交通流参数;微观参数则是指从车与车的关系角度构建的参数。

宏观和微观交通流因素见表2.3-1。

宏观、微观角度交通流因素　　　　　　　　　　表2.3-1

宏观因素	微观因素
交通量	车速
速度(如时间平均、空间平均)	车尾时距
密度	车间距
交通混行比例	车速差

具体来说,交通流参数通常还会与车型、车道等因素相关,当然时间、空间等因素也有必然联系。在现有的研究当中,存在大量关于宏观、微观交通流特征与其他因素对交通运行风险的影响的研究,如研究车速离散程度与行车风险、不同车型组合所导致的不同的交通安全风险。

在交通流对事故的影响因素方面,跨海长大桥隧均比较类似,之间的差异主要体现在不同环境下,风险源具有较强的随机性。目前大量关于交通流参数对事故风险的影响的研究在高速公路相关领域开展,可以表现这些基本关系。

在所列举的宏观、微观交通流参数中,大多数参数对风险的影响比较直观,如车流的密度较大、车速较低,以及道路前后的车速差较大时,都存在较大的隐患。同时,由于大、小车的驾驶行为存在一定差异,在某些情况下,难以保证不同驾驶人之间完全理解彼此的行为。车尾时距以及车间距,则表达了交通流的微观实际风险。

总的来说,个人的危险驾驶行为和高风险交通流情况的粒度都是微观的驾驶行为数据,这决定了跨海长大桥隧交通运行智能监控与预警系统的最小数据观测尺度应该达到车辆级别,也就是从每辆车的运动状态出发。对于这两类风险来源,都以轨迹作为基础进行对应的风险预警等功能。单车驾驶人与交通流视角的差异如图2.3-1所示。

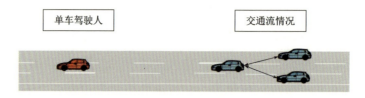

图 2.3-1　单车驾驶人与交通流视角的差异

2.4　交通工程因素与环境影响

对于港珠澳大桥这类跨海长大桥隧而言,其与通常意义上的高速公路最大的差异在于环境因素。在本节中,由于交通工程的因素在某种程度上也可认为是道路驾驶的环境,所以将此因素和环境因素一起进行介绍。

按照前一节所述,对于港珠澳大桥这类跨海长大桥隧而言,尽管桥梁和隧道在驾驶环境上存在差异,但其本质也是高速公路,存在大量共同影响的因素。当然,作为两种截然不同的构筑物,也存在各自独有的因素。以这些部分对所有影响跨海长大桥隧的因素进行划分,见表2.4-1。

交通工程因素以及环境因素　　表2.4-1

项目	共同因素	桥梁部分	隧道部分
交通工程因素	交通诱导设施 交通监控设施 中央控制系统	—	消防设施 通风与照明设施 紧急呼叫设施
环境因素	单调背景 能见度 风向、风速	恶劣天气 雨天路面湿滑	等效声级 驾驶光环境

不同特殊条件下的跨海长大桥隧,不仅限于以上因素,这里只是以港珠澳大桥作为代表进行分析。

具体来说,在交通工程因素中,如交通诱导设施、限速标志、交通信息牌等失效,会导致特殊情况下驾驶人无法及时获取信息,从而造成危险的发生;此外,交通监控设施以及中央控制系统等的失效,会使隧道管理部门无法及时对一些可能的突发状况做出反应;对于隧道来说,隧道内还有通风和照明设施的失效,会使隧道失去作为交通穿行的基础条件；另外，一系列的紧急呼叫设施以及紧急救援设施的失效，会使可能的救援机会没有被及时把握，从而造成更大事故的发生。

在环境因素中，由于大型桥梁往往完全暴露在环境当中，对极端恶劣天气较为敏感，如台风、暴雨、暴雪、冰雹等天气，会大大影响行车的安全性。下雨路面湿滑或者路面结冰，会使车辆失控，致使危险发生；并且对于港珠澳大桥而言，尤其是海上的风雨天气更加多变复杂，不可控因素更多。对于隧道而言，由于其通常为全封闭结构，其内部环境受外界影响相对小，但同时隧道环境可能也会由于雾霾、风等自然环境的影响，进一步导致隧道内视距不良。

在一些现有的研究中，环境因素也会被视为静态因素，主要是因为环境因素在某一交通状态下短期内不会改变。交通的四个基本因素中，驾驶人以及车辆的因素属于动态因素。

2.5 施工区域运行风险

道路施工区路段通常需要设立一些临时的交通工程设施，如图 2.5-1 所示。特别是港珠澳大桥这类跨海长大桥隧，由于需要占用道路区段，施工区域会造成道路交通环境突变，对交通流产生严重干扰。在拥堵流时，车流受制于偶发性瓶颈，车辆交替通行，交织段存在很多冲突发生的可能；在自由流下，车辆速度较高，道路施工机械和施工作业人员完全暴露在车流中，极易造成严重后果。

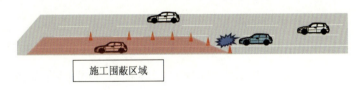

图 2.5-1 施工围蔽区域的风险

对于港珠澳大桥这类跨海长大桥隧而言，日常运营管养的需求与通常的高速公路是不同的。具体来说，由于桥、隧特性的不同，施工养护的工作也存在一些不同。特别是由于其整体基本处于高盐高腐蚀的恶劣环境当中，因此养护周期需要控制得更短。此外，桥梁环境没有土路肩之类的额外用地，更多的施工机具需要在桥隧的行车道中布设。

对于隧道部分,由于隧道内光线较差,隧道养护的缓冲区与工作区的照明需要满足一定的条件。从安全角度来说,养护作业完全封闭对应车道对跨海大桥而言是最为安全的,但会造成极大的交通延误和阻塞。所以养护作业区不宜过长,应按照相关规程执行。

结合上述分析可知,对于长大隧道,施工区的交通运行风险是较大的,风险来源主要是由环境改变所引起的交通状态的变化。此外,在施工信息的传播与表达等方面上也可能存在一定的风险。

2.6 其他风险来源

港珠澳大桥的道路交通运行风险致因包含诸多方面,并不局限于前述因素。部分因素之所以未在前文中介绍,主要是因为部分因素相对静态,或者比较复杂。

静态因素是指由道路本身的属性决定的。比如跨海长大桥隧本身的自然和工程属性,两者的线形因素包括直线线形以及纵坡。大型跨海桥梁往往需要通过缜密的计算以满足跨越需求,因而线形通常为长直线,且纵坡往往较小,驾驶人容易存在超速行为,从而导致危险的发生。

隧道部分静态属性的因素较多,如最小平曲线半径、曲线段长度占比、最大纵坡值、隧道进出口线形、隧道长度、连续坡长。就目前大量研究而言,隧道长度、线形因素等都会对事故的发生产生影响。静态因素基本都是在设计施工阶段以及安全评价等评估阶段就应该主要考虑的问题。在实际的道路运营中,这些因素很大程度上决定了自由流时车辆运行的状态,特别是在部分指标接近容许值时。静态因素很大程度上会影响道路不同位置区域的事故的发生特征与发生概率。

复杂因素,或者具体来说称之为异质性因素。驾驶人是交通的主要决定者,不同驾驶人的驾驶行为往往不同,并且驾驶人的行为又受到多种因素,如驾驶人年龄、性别、感官、心理和生理状态等的干扰。同时,驾驶人可能会出现操作失误、异常行为以及疲劳驾驶等情况。在道路安全领域,事故发生诱因中占比最大的就是驾驶人因素,但往往这些因素之间是相互关联的,所以前面各个因素也应当包含在内。如驾驶人操作失误、频繁换道、对车头时距判断不准确从而导致追尾等,或驾驶人超速行驶使得车辆失控从而导致危险的发生。在各种因素耦合下,如天气、时间、线形等因素作用下,驾驶人容易疲劳,生理状态不良,反应速度变慢,从而酿成事故。在隧道环境中,驾驶环境剧变,驾驶人受更多因素的影响。

CHAPTER 3 | 第 3 章

港珠澳大桥交通运行安全风险智能管控建设基础

本章主要介绍了港珠澳大桥交通运行安全风险智能管控所需要的建设基础,包括智慧感知与管控配套道路基础设施建设、交通管理与控制基础硬件器件与设备建设以及基于5G的跨海交通基础设施运维 IoT(Internet of Things,物联网)建设三部分,为实现交通运行状态感知、运行风险评估、风险预警与管控等功能提供坚实的硬件与网络等方面基础支撑。港珠澳大桥交通运行安全风险智能管控需要依次通过这三方面建设来实现,具体包括在港珠澳大桥路域内建设门架、杆箱、供电等配套道路基础设施,设置可变信息标志、可变限速标志以及路侧气象站等硬件器件与设备,同时构建跨海交通基础设施运行 IoT。通过智能管控基础建设,可显著提升港珠澳大桥的交通运行安全水平。

3.1 智慧感知与管控配套道路基础设施

长大桥隧门架与杆箱作为交通管理的重要工具,广泛应用于城市道路、隧道、桥梁等各类道路,以及机场、港口和交通枢纽。门架与杆箱是一种结构设备,安装在长大桥隧上方或道路两侧,为智慧高速信息采集设备、信息发布设备提供了安装支撑,包括普通杆件与门架、ETC门架等。其主要功能和应用场景包括交通监控、信息发布、交通流预警与管控等。

通过安装在门架与杆箱上的摄像头和雷达等传感器,可以实时监测交通流量、车速、道路状况等信息。这有助于交通管理人员更好地了解交通状况,及时采取措施应对拥堵、事故等情况,提高道路通行效率。门架与杆箱可以作为可变信息标志、可变限速标志等的依附设施,显示交通信息、路况提示、限速标志等,帮助驾驶人做出明智的决策,用于发布交通信息和路况提示。例如,在发生事故或施工时,它可以向驾驶人显示实时交通运行信息,提供实时的驾驶建议。同时,它还可以用于监控事故、违法行为,并协助应急救援,也可用于监测违法行为,如超速和违规停车等事件,提高交通安全性。

门架与杆箱布设位置应充分考虑交通热点、间距以及事件检测等因素,应结合感知、评估、决策、指引等功能的需要设置,优化组合。长大桥隧门架与杆箱应布置在交通热点区域,如进出口匝道、拥堵路段、事故多发地点等,以提供实时的交通信息。同时门架与杆箱的间距应根据路段特点和交通流量合理规划,以确保全面监测覆盖。同时应考虑维护与管理等问题,实现定期巡检与维护,制订定期巡检与维护计划,包括清洁设备、更换磨损部件、检查电缆和连接等,以确保设备的正常运行。若有条件,应建设远程监控与诊断功能,建立中央监控中心,实时监控长大桥隧门架与杆箱的状态,及时发现并解决故障。除此以外,门架等应配有相应的爬梯和安全防护措施,综合考虑供电、安装、通信的造价,优选合理的方案,尽量靠近附近的收费站房。门架与杆箱示意图如图 3.1-1 所示。

图 3.1-1　门架与杆箱示意图

长大桥隧的运营需要大量的能源支持,这包括照明、交通信号以及智能交通管控等。长大桥隧供电设施在这方面发挥着重要作用,它们的发展和升级对于提高交通效率、减少能源浪费都至关重要。长大桥隧供电设施的建设方案包括设备选型、能源来源、维护与管理等多个方面。通过选择先进的设备、建立健全的维护计划,确保长大桥隧供电设施的可靠性和可持续性,从而提高交通安全性、效率和可持续性,满足不断增长的交通需求。长大桥隧供电设施的建设需充分结合具体业务内容,以下对业务内容进行介绍。

长大桥隧的照明系统是保障夜间行车安全的重要组成部分,也是供电设施建设需重点考虑的内容。传统的高强度气体放电灯(如钠灯和汞灯)逐渐被LED(发光二极管)照明系统取代。LED照明系统具有更高的能效、更长的寿命和更好的可调性,有助于降低能源消耗和维护成本。长大桥隧的交通管控系统对于引导交通、减少事故至关重要。同时,系统工作过程中需要全域电力系统的支持。现代的交通信号系统采用智能化技术,能够根据交通流量和情况进行动态调整,以提高交通效率并减少拥堵。为了实现长大桥隧交通运行的高效管控,供电设施建设是必不可少的一环。可变信息标志、可变限速标志、车道封闭标志等设施的建设能够全天候实时发布信息,帮助驾驶人做出明智的决策,降低事故风险,提高交通流畅度。

供电设施的建设对于长大桥隧日常照明、交通运行管控至关重要。可变信息标志、可变限速标志、车道封闭标志等设施的合理规划和建设可以提高交通安全性、减少拥堵,为驾驶人提供及时的交通信息。同时,供电系统工作过程中也应同时注意安全性、稳定性等问题。长大桥隧供电设施的安全性是一个重要关注点。设备的安全性漏洞可能会导致交通事故或供电中断。因此,加强供电设施的安全防护至关重要。同时,为了应对天气变化和能源波动,可以安装能源储存系统,如电池储能设备,以存储多余的能源并在需要时供应电力。长大桥隧供电设施需要定期维护和监控,以确保其正常运行。远程监控系统可以帮助检测故障并及时采取措施。建议建立中央监控中心,对供电设施进行实时监测和管理。制定定期巡检与维护计划,包括清洁设备、更换磨损部件、检查电缆和连接等。定期的维护可以延长设备寿命,确保其可靠性。

长大桥隧供电设施在现代交通系统中扮演着关键角色,不仅为交通流动提供支持,还对能源效率和环境保护起到了重要作用。面对未来的挑战,长大桥隧供电设施将不断升级和改进,采用智能化技术,从而提高安全性与稳定性。

3.2 交通管理与控制基础硬件器件与设备

3.2.1 可变信息标志与可变限速标志

港珠澳大桥布设的可变信息标志与可变限速标志为大桥全域交通运行风险预警与管控提供硬件器件支撑,可通过此设备对在途运行车辆发布预警与管控信息。交通运行风险控制综合考虑道路异常交通事件、天气环境、交通流状态、道路设施条件状态,通过分路段确定控制策略,实现道路全域差异化控制。首先确定异常交通事件、天气环境、交通流状态、道路设施条件各类状态内部的风险控制策略,其次综合考虑路段内全部因素的风险控制策略,使各类状态的内部风险因素与交通运行风险分级分类预警保持一致,进而建立该路段的风险控制策略。交通风险控制的主要策略包括车道级车速控制、车道级车道封闭、路侧预警信息提示系统。路段的限速程度、可变信息标志的发布信息、车道封闭程度通过综合各因素的风险控制策略综合表示。其中,限速程度为各因素对限速上限缩减程度的叠加,可变信息标志的发布信息为各因素对应需发布警示内容的融合,车道封闭程度通过判断各因素是否需要该措施确定。

基于可变信息标志和可变限速标志发布警示信息,采取车道级限速措施等手段,实现了港珠澳大桥全域风险控制。该方案通过评价风险状态,实现对风险场景的判断以及管控方案的自动确定,提升了风险管控的效率。基于交通运行数字孪生系统,建成了港珠澳大桥车道级车速控制和车道封闭控制系统、路侧预警信息提示系统,这些系统可服务于大桥全域交通运行风险前置主动管控。基于分类分级预警等级及具体风险来源,针对港珠澳大桥全域,考虑异常交通行为、天气环境、交通流状态、道路设施条件等多类因素,分路段确定风险管控方案,建立了港珠澳大桥风险管控的总体方案与专项方案。

在长大桥隧建设背景下,可变信息标志具备提供实时交通信息、发布预警管控信息等功能。可变限速标志是一种交通管理装置,能够根据实时交通状况和道路条件,自动调整车辆的最大允许速度。可变信息标志与可变限速标志是智慧高速车路协同系统建设中重要的路侧智能基础设施,具备支持文字、图形、图片等多种信息发布形式的功能,基于无线网络或 5G 等通信技术,智慧道钉可在不同应用场景配合使用,提高道路智能程度、安全性和通行效率,具有重要的实用价值。可变信息标志与可变限速标志示意图如图 3.2-1 所示。

图 3.2-1　可变信息标志与可变限速标志示意图

3.2.2　路侧气象站

路侧气象站适用于长大桥隧交通安全管理体系,主要包括能见度仪、微气象站、数据采集器、通信模块等子系统,可以精确检测能见度、温度、湿度、风速、风向、降雨等多个气象要素指标。在此基础上,通过通信模块将气象数据实时发送至云平台,建立交通安全风险评估模型,实时评估和预测交通安全风险,从而保障恶劣天气条件下长大桥隧交通安全,提高长大桥隧交通安全管理水平。

路侧气象站通过监测设备和软件模块,可实现气象实时监测、恶劣天气短临预测等功能。其中,气象实时监测即气象实时监测是指利用气象站及能见度仪,实现对温度、湿度、风向、风速、大气压、降雨、能见度等气象全要素的实时、精准监测。恶劣天气短临预测即恶劣天气短临预测是指基于实时监测的气象数据,利用软件中短临气象预测模块,对以团雾为代表的恶劣天气进行实时预测,为团雾预警提供支撑。此外,还可结合交通流监测系统、控制系统、信息诱导系统等实现风险评估、报警、诱导、矫正、监测反馈,以及处理突发状况等功能。

交通安全智能警示系统基于气象和交通的历史监测数据,搭建交通安全风险评估模型,实现交通安全风险的评估和预测,并基于风险分类方法,能够对交通安全风险进行等级判断,识别高危路段和时段。

报警功能一方面可以对恶劣天气下的能见度进行检测,并进行低能见度报警;另一方面可以基于交通安全风险等级的评估,对高危路段和时段进行报警,即通过道路气象预警引擎提供基于公路线路的精细化路面温度、短时临近降水、道路结冰、横风、能见度预报预警。

诱导功能一般是结合中心处理系统和信息发布系统共同完成的。检测数据在中心处理系统进行分析处理后,通过结合风险等级制定合理的建议车速或限速标志,并启动相应等级的警示设施,增强道路标志标线的可见性,及时利用可变信息标志和交通诱导设施向驾驶人发出速度限制信息,以及限行车道等诱导信息,使驾驶人提高警觉,并按照发光设施引导和建议的安全速度行车。

矫正功能的核心是在诱导功能的基础上实现车速动态矫正,根据实际能见度和安全风险等级的变化及时修改限速,以求在保证安全的基础上最大限度地提高道路通行效率。

3.3 基于5G的跨海交通基础设施运维 IoT 建设

3.3.1 跨海交通基础设施运维 IoT 架构

物联网的目标是实现万物互联,使世界万物都能够实现信息交互与共享。利用物联网技术,可以对事务信息进行自动化提取,并将信息传递至云端,进行统计处理与分析,从而掌控事务的实时状态。基于云计算、大规模集成技术,物联网促使万物实现云端的互联与互通。

物联网等新一代信息技术在交通领域的应用,是促进交通领域高质量发展的重要途径。基于物联网技术,可以实现道路、桥梁的健康监测,运用云计算等相关技术,为交通基础设施智慧运维打下基础。

在物联网技术的应用过程中,主要可通过感知层、承载层、平台层、应用层、门户层融合协调,建立起交通设施与车辆的智慧化体系。感知层主要借助摄像头、雷达等传感设备,以及全球定位技术、射频识别技术等,对交通基础设施、运行车辆进行数据采集。承载层利用各类通信技术,实现交通信息的快速、准确传输,达到全域信息共享。平台层基于物联网技术的一体化应用平台,实现对全域交通信息的一体化监控、分析、处理与发布。应用层基于平台层对信息的处理结果,实现交通信息发布、交通管控以及事故预警等功能。门户层包含可变信息标志、手机、车载终端等设备,实现交通信息显示。

随着感知设备、信息传输技术的不断发展,物联网技术在交通领域广泛应用,以下列举几个典型应用场景。

(1)车辆监控管理。物联网技术为交通大数据分析提供了可能,同时有利于交通信息的统一、综合管理。物联网技术搭配车辆信息智慧识别系统,能完成对交通业务的综合性处理。目前,物联网技术在交通事故感知、交通流量监测等方面得到了良好的应用,能够快速、准确地识别出道路上正在行驶或停靠的车辆。

(2)道路基础设施建设管理养护。物联网技术为大数据分析提供了良好的数据底座,在道路基础设施建设、管理、运营全过程中,可以依托物联网技术完成基础信息的采集、处理以及存储。基于物联网技术,可以对道路使用过程中出现的病害实现快速锁定,及时获取病害的类型、位置、内容,以及进行维护所需要投入的人员和装备。

(3)智慧调度管理系统。利用物联网技术有利于交通信息的综合管理,为交通事件的处理提供数字基础。目前,物联网技术在应对交通突发事件、日常交通管理中发挥重要作用,如实现交通流的诱导疏散、道路突发事件的应急救援。

跨海交通基础设施是承载海峡两岸之间客运服务、物流业的重要载体,对构建跨海便捷交通网络有着积极意义。将物联网技术运用到跨海交通基础设施运营、维护过程中,可以获取结构物整个生命周期中的状态信息,且信息具有实时连续的特性;物联网技术受时间、空间等因素的影响程度较小,可实现全域、全时段的信息采集,在跨海交通基础设施部分人工采集数据受限的区域,物联网技术的应用能够有效保障工作人员人身安全等问题;同时,物联网技术采集到的数据受人为干扰的影响程度较小,数据相对客观真实。随着5G技术应用范围的不断扩大,物联网技术在跨海交通基础设施领域具有广阔的应用前景。

跨海交通基础设施运维物联网包括全域感知、网络传输、数据中心、应用服务四个模块。全域感知模块用于采集跨海交通基础设施的全时段运营、维护信息,采集对象包括但不仅限于桥面、桥墩、隧道、护栏等设施,采集内容包括但不仅限于位置、时间、病害类型、病害程度等信息。网络传输模块主要利用5G信号网络实现信息的传输,5G技术具有突出的低延时、大带宽、可靠等优点,将其运用至物联网内部信息传输,可以满足物联网系统设计的各项传输要求。数据中心模块在物联网系统中主要起到数据存储以及云计算等功能,随着数据库技术、云计算技术多年的沉淀、发展,目前已能够完成系统运行的相关要求。应用服务模块是物联网技术的最终信息发布终端,采取的发布途径包括但不仅限于车载终端、手机、可变信息标志、互联网等。各组成模块相互协作,共同完成物联网系统的各项功能。

3.3.2 跨海交通基础设施数据中台支撑

如上所述,跨海交通基础设施全域感知模块采集对象包括但不仅限于桥面、桥墩、隧道、护栏等设施,下面作详细说明。

1)桥面信息感知

桥面信息感知设施监测的内容应包含桥面状态、交通参数、气候环境等。其中,桥面状态检测的内容包含但不仅限于桥面温度、桥面积水、桥面沉降、结构层温度、结构物变形、桥面抛洒物等;交通参数包括但不仅限于交通量、车速、车型、车重、车辆运行分布状态等;气候环境参数包括但不仅限于温度、湿度、降水等。桥面信息感知宜根据跨海交通基础设施建设环境以及监测点位的具体位置,采用适宜的仪器及设备。具体而言,桥面状态监测宜采用随桥面变化的温度计、应变计、位移计、分布式光纤、水膜监测等传感设备;交通参数采集宜采用雷达感知设备、视频监测设备、动态称重感知设备等;气候环境参数监测宜在合适位置建设微气象站,站内配备相应的气象监测仪器,并结合当地天气预报等信息。

2)桥墩信息感知

对于跨海交通基础设施桥墩部分的信息监测,主要实施的是沉降监测与双向倾角监测。对于桥墩沉降监测,目前采用比较多的方法有水准仪法、全站仪法以及连通管法。具体选取的监测方法需适合跨海交通基础设施的实际情况,符合系统精度的要求,须做到自动化实时监测,且对桥面上行车无影响,避免测试人员在桥上长时间工作。桥墩双向倾角监测是保障跨海交通基础设施结构健康的重要手段,目前常用于角度测量的倾角传感器主要有电解质型倾角传感器、电容型倾角传感器和力平衡伺服型倾角传感器。具体选取的传感器需适合跨海交通基础设施的实际情况,满足精度、灵敏度、稳定性、耐久性以及价格的相关要求。

3)隧道信息感知

隧道是跨海交通基础设施的特别构造物,隧道结构在空间上的限制使得隧道内的交通环境较外部具有一些显著差异:由于隧道在空间上的限制,车辆在隧道内行驶产生的气体、固态颗粒物以及车辆行驶卷起的尘埃,其扩散、消失速度显著下降;由于隧道外部海洋丰富的水量,使得隧道内部常处于潮湿环境;隧道内部场地空间受限,交通基础设施的日常维护以及故障检修等较为受限。隧道内部交通信息感知除常规的路面状态、交通参数、气候环境感知外,还应包括隧道照明系统、隧道通风系统、隧道消防防火系统、隧道供配电系统等的信息感知。隧道信息感知系统应根据隧道的建设规模、投资状况、初期交通量和交通量的增长情况,从经济性、可靠性、可维护性等多方面出发,确定隧道信息感知所采用的具体设备。

4)护栏信息感知

护栏是跨海交通基础设施的重要组成结构,能够有效阻止不良交通行为引发的事故进一步恶化。同时,安装护栏能够使桥梁的轮廓更加清晰,给予驾驶人适当的警示,起到预防交通事故发生的作用。为实现这些效果,护栏需具有一定的高度、密度(指竖栏),以及一定的强度。相应地,护栏信息感知需要对护栏高度、强度等相关参数的进行全时段监测。

跨海交通基础设施的网络传输主要通过5G网络完成,并辅以局部通信技术,综合运用5G、窄带物联网(Narrow Band Internet of Things,NB-IoT)、射频识别技术(Radio Frequency Identification,RFID)、专用短程通信技术(Dedicated Short Range Communication,DSRC)、光传送网技术(Optical Transport Network,OTN)等通信技术,共同完成信息传输任务。

5G技术的发展为数字交通、智慧交通的发展提供了技术支撑。在智慧交通中,通过多元的传感器(如激光雷达、毫米波雷达、速度传感器等),智慧终端能够获取交通载具及其支撑、附属设施的运行状态,同时,利用移动通信技术,可实现信息的快速、大运量、准确传送,为交通载具规划最优的路径,保障交通参与者的人身安全,减少资源的浪费。5G技术的出现推动了数字交通、智慧交通的快速发展,使得数字交通,智慧交通在多种场景下均能得到有效应用,以下列举几个典型应用场景。

(1)实时监控。随着电子商务成为居民一个重要的消费方式,我国货物运输行业近些年得到了长足的发展。货车的载重、体型较大,若产生事故,其危害相较于小型车也会明显增大。借助移动通信技术,可以对货车,尤其是运输危险品、化学品货车进行实时管理并对运行情况进行实时掌控,实时、全过程监测货车运行过程中驾驶人的危险驾驶行为,如超速驾驶、疲劳驾驶、未在规定区域内行驶等。

(2)交通安全管理。交通安全管理对交通系统的正常有序运行、保障人民群众的生命财产安全有着重要作用。交通事故的发生将造成无法挽回的损失,分析各类交通事故致因,从本源处入手阻止风险源的发生,可有效降低事故的发生频率。可利用移动通信技术搭建交通网联智慧监管系统,利用雷达等多种类传感器,捕捉各车辆及驾驶人信息,如车速、加速度、驾驶人面部疲劳程度等,判断其是否处于安全的合理区间,当环境不安全时发出预警信息。

(3)交通应急管理。保障人民群众生命财产安全的途径大致可分为两个方面:一方面从避免交通事故发生入手,阻断交通事故发生的危险源;另一方面是在交通事故发生后做出快速响应,有效降低事故对人民生命财产安全以及交通系统正常运行的损害。利用移动通信技术监测到交通系统中出现交通事故后,及时向交通运行控制中心发送信息。控制中心在匹配出最优管控方案后,利用移动通信技术传输信息快速、准确的特性,快速调配应急资源至事故发生地点,对交通进行应急处理。

5G技术的高传输速度、大带宽、低功耗、高可靠性等优点,使得5G技术能够满足跨海交通基础设施信息传输的各项要求,将优质的信息传输服务提供给物联网系统管理者以及每一个交通基础设施使用终端。因此,跨海交通基础设施中台建设中的全域感知与网络传输可以为数据中心与应用服务提供支撑。

1)跨海交通基础设施数据中心

跨海交通基础设施数据中心的设施应包括但不限于云计算服务器、云计算存储器、云计算应用服务器、云计算网络交换机等。云计算服务器是云计算服务的重要硬件组成部分,为各数据中心用户提供综合业务处理的服务平台,整合了传统意义上互联网应用的三大核心要素:计算、存储、网络。云计算存储器将数据存储在由第三方托管的多台虚拟服务器上,利用集群应用、网格技术或分布式文件系统等功能,使网络中大量不同类型的存储设备通过应用软件集合起来、协同工作,共同对外提供数据存储和业务访问功能,保证数据的安全性,并节约存储空间。云计算应用服务器利用高速互联网的传输能力,将数据的处理过程从个人计算机或服务器转移到大型的云计算中心,使计算能力以公用设施的形式供用户使用。云计算网络交换机按照不同功能和节点性能要求,配备多个三层交换机,分别负责管理网段、公网交换网段、内部交换网段、存储网段等。

数据中心应能够存储跨海交通基础设施全域、全天候、全种类信息,能够为管理人员提供可视化的信息服务,能够实现信息全天候查询,应能够满足数据查询速度的需求,应具备较好的稳定性及抗干扰、抗攻击的能力,以及在遇到故障时及时发出警报的能力。跨海交通基础设施数据中心相关硬件、软件的选定与调试,最终效果应满足上述功能要求。

2)跨海交通基础设施应用服务

跨海交通基础设施应用服务可通过车载终端、手机、可变信息标志、互联网等多种信息发布方式将信息发布给跨海交通基础设施使用者。

(1)车载终端。车载终端是车辆管理系统的前端设备,具备发布语音、视频、定位等信息服务的能力,能够为跨海交通基础设施信息发布提供适宜的硬件设备支撑。

(2)手机。随着智能手机全面普及,智能手机作为一个便捷、普及度高的信息发布终端,是适宜的跨海交通基础设施信息发布终端。

(3)可变信息标志。我国交通行业的数字化水平不断提高,已具备支持可变信息发布的能力,且可变信息标志较易被交通管理人员管理,利用智能可变信息标志可将信息发布给特定位置的跨海交通基础设施使用者。

(4)互联网。近年来,互联网已得到较为充分的发展,也形成较为多样的交通信息发布网站,成熟的互联网技术能够为跨海交通基础设施信息发布提供技术支撑。

3.3.3 港珠澳大桥基础设施数字信息模型

港珠澳大桥数字信息模型是现存或未来的物理实体对象的数字模型,通过实测、仿真和数据分析,实时感知、诊断、预测物理实体对象的状态。通过获取基础设施实时状态信息,利用5G或专线等通信方式发送信息,在此基础上,可实现跨海交通基础设施寿命期间交通运行状态全时全域感知,实时监控跨海交通基础设施交通运行状态,为交通管控、应急处置提供数据支撑,保证超大跨海交通基础设施安全运行,提高道路通行效率。具体构建方法和详细介绍参见第5章。

1)浅水区非通航孔桥A

浅水区非通航孔桥建设在浅水区域,因为该区域的水深不足以供船只通行,部分区域不需要提供通航孔,其模型构建成果如图3.3-1、图3.3-2所示。

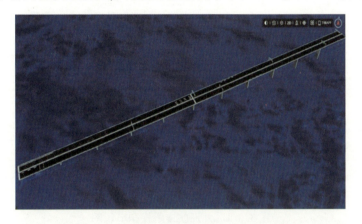

图3.3-1　浅水区非通航孔桥A模型鸟瞰图

图3.3-2　浅水区非通航孔桥A模型详图

2)九洲航道桥

九洲航道桥建设在水域中并跨越航道,其模型构建成果如图3.3-3、图3.3-4所示。

图 3.3-3 九洲航道桥模型桥面图

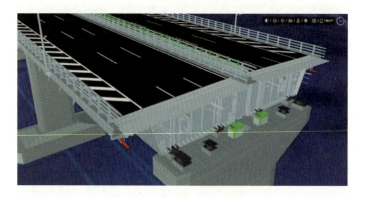

图 3.3-4 九洲航道桥模型节段图

3）江海直达船航道桥

江海直达船航道桥建设在江河、海洋等水域上，其模型构建成果如图 3.3-5、图 3.3-6 所示。

图 3.3-5 江海直达船航道桥模型桥面局部图

图 3.3-6　江海直达船航道桥模型下部局部图

4）青州航道桥

青州航道桥建设在水域中并跨越航道,其模型构建成果如图 3.3-7～图 3.3-11 所示。

图 3.3-7　青州航道桥模型上部图

图 3.3-8　青州航道桥模型上部详图

图 3.3-9　青州航道桥模型索塔详图　　　图 3.3-10　青州航道桥模型索塔结形撑图

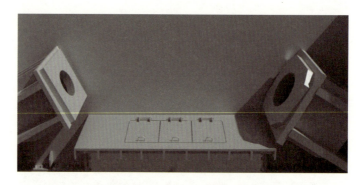

图 3.3-11　青州航道桥模型索塔锚箱板件及焊缝

5）跨越崖气田管线桥

跨越崖气田管线桥建设在山区或悬崖等地形险峻区域，用于跨越石油、天然气管道，其模型构建成果如图 3.3-12、图 3.3-13 所示。

图 3.3-12　跨越崖气田管线桥模型上部结构图

图 3.3-13　跨越崖气田管线桥模型下部结构图

6) 东、西人工岛

东、西人工岛是人为地在海洋或湖泊等水域中通过人工填海、堆石、填土等方式创建的岛屿,其模型构建成果如图 3.3-14~图 3.3-18 所示。

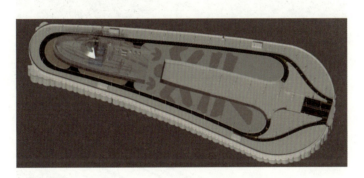

图 3.3-14　东人工岛模型鸟瞰图

图 3.3-15　东人工岛模型局部图

图 3.3-16　东人工岛模型岛上结构图

图 3.3-17　东人工岛模型敞开暗埋段机电断面图

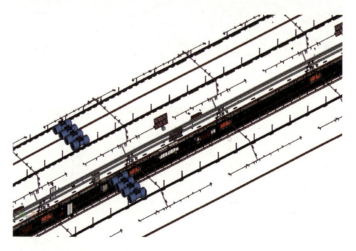

图 3.3-18　东人工岛模型敞开暗埋段机电部分构件图

CHAPTER 4 | 第 4 章

港珠澳大桥交通运行状态感知技术

各种来源的交通运行安全风险是影响交通安全运营管控的重要因素,同时,交通风险预警及管控依赖实时准确的交通流数据。因此,如何基于港珠澳大桥现有交通基础设施,实现全域时空范围内完整、高采样率的车辆轨迹数据,对跨海长大桥隧交通管理具有非常重要的研究及应用价值,也为后续数字孪生及交通运行状态平行推演提供数据支撑,夯实交通基础设施智能升级链路数据基础。

传统的道路交通数据采集主要依靠布设于道路断面的环形线圈、地磁、视频图像等检测器来实现。在实际工程应用中发现,这些检测器在复杂的实际道路交通环境中存在诸多不足。然而,基于雷达的探测器具有安装方便、不受天气影响、不破坏路面、复杂环境下抗干扰能力强、后期维护便捷等优势,在道路交通数据采集方面显示出很好的应用潜力。且毫米波穿透力强,可探测距离远,能够实现长距离范围内车辆轨迹的高精度检测。因此,基于雷达组群(包括毫米波雷达、激光雷达以及毫米波与激光雷达轨迹)系统的研发,将完美契合跨海长大桥隧交通现状,切实解决其交通运行状态感知难题。

综上所述,为实现跨海长大桥隧交通运行状态实时感知,本章重点结合笔者先进工程经验的一线资料及国内外调研汇总内容,通过四部分内容进行解释,分别为:基于毫米波雷达的车辆多目标轨迹追踪、基于机械激光雷达的收费广场等大视角场景车辆多目标轨迹追踪、雷达组群轨迹拼接与车辆连续追踪以及卡口车牌信息提取与路域轨迹对照配对。

4.1 基于毫米波雷达的车辆多目标轨迹追踪

4.1.1 毫米波雷达系统总体框架

1)毫米波雷达硬件架构

毫米波雷达系统的重要基本功能是实现车道级高精度车辆轨迹感知,其基本硬件一般包括雷达、边缘计算节点、通信模块、服务器及卡口等。此外,一些可选硬件,如补偿雷达、动态称重传感器、气象传感器及路侧信息发布设备(LED

板、主动发光等声光电设备),可接入毫米波雷达系统,以便于实现毫米波雷达更多功能,比如交通风险预警输出。其系统感知硬件架构如图4.1-1所示。

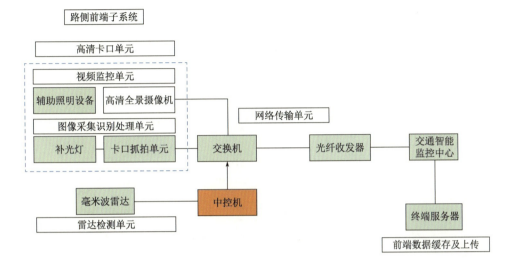

图4.1-1　毫米波雷达系统感知硬件架构

本书简单介绍一种由笔者主要研发的毫米波雷达设备车辆轨迹识别方法,其主要检测流程如下(图4.1-2):

(1)雷达检测到的车辆信号通过雷达的天线接收,经过放大器、数字信号处理器(DSP)后到达雷达中央处理器(CPU),通过雷达 CPU 上的控制局域网络(CAN)控制器产生01数字信号,该数字信号经过雷达中的物理层TJA1050转换为能通过差分 CAN 线传输的高低电平信号,并将其传输至工控机。

(2)工控机中的链路层 MCP2515 通过串行外设接口(SPI)总线将雷达信号传输至树莓派 bcm2711,信号通过 SPI 协议传输至印刷电路板(pcb)上的SPI;由直接内存访问(DMA)将信息传输至内存(MEM),加快 CAN 收发速度,最终由 ARM A72 核心计算处理。

(3)最终四路雷达的信号经过两路 CAN 线,四路 SPI 控制器接入 ARM A72×4 的四个核心,综合四路雷达信息。可避免分布式计算方法延时高的问题,且线程打断频率大大减低,提高了 CPU 计算效率,可以处理更大数据量;CAN 帧丢失率从0.1%降低到0.001%,CAN 帧响应时间从1000μs降低到70μs,CAN 协议支持程度从部分支持提升为完全支持 CAN V2.0B 技术规范,平均单路 CAN 功耗从3W降低至1W。

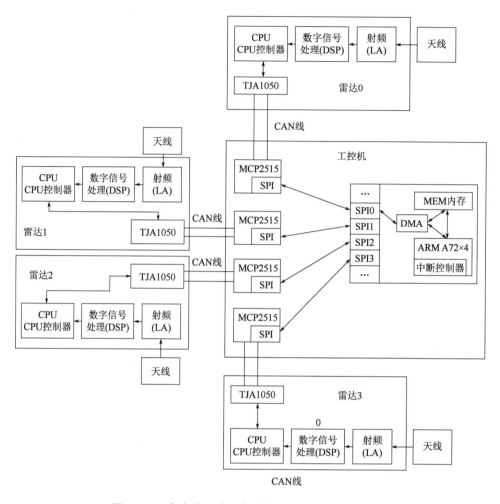

图 4.1-2 毫米波雷达设备车辆轨迹识别流程示意图

2)毫米波雷达软件架构

毫米波雷达系统的软件架构主要辅助毫米波雷达硬件设备实现感知设备的各种软件模块,包括以下几个模块:

(1)自校准模块。对雷达的车流监测给出校准信息,并在多个雷达服务器间统一时钟,为数据融合提供基础。

(2)深度学习模块。对入网雷达群组数据进行数据融合和基于聚类方法对车辆轨迹数据进行拼接,研发基于驾驶行为预测模型的车流拼接融合模块,通过预测下一帧到来时车辆位置和行为,对相邻雷达的数据进行融合拼接。

(3)数据清洗模块。对雷达返回的数据进行预处理,结合当前位置的驾驶行为和统计结果,过滤掉异常数据。

(4)数据存储模块。存储并导出车辆轨迹数据。

4.1.2 毫米波雷达组群的车辆多目标轨迹追踪

毫米波雷达采集的交通数据是基于移动目标产生的一系列轨迹记录,返回数据包括检测目标的反射面积和相对坐标,但是由于数据丢失、相邻两辆车之间存在反射面积遮挡、定位故障、网络传输错误、静态物体反射噪点等原因,易造成轨迹数据缺失或数据字段异常。因此雷达返回数据处理的最重要一步是数据清洗,删除时间严重错误的数据、速度异常的数据、坐标异常的数据,在后续的处理过程中保证了数据的准确性、真实性。

现有的数据清洗只针对轨迹数据进行清洗,没有针对具备反射面积的雷达数据进行判断,计算方式简单,无法分辨车辆及路域附属设施,最终处理过的数据仍然存在大量的"脏"数据,影响了车辆类型、停车行为等数据计算。因此在技术上需要克服现有技术存在的缺陷,提供一种基于毫米波雷达数据的交通数据清洗方法,其中具体的毫米波雷达安装示意如图4.1-3所示,通过充分利用轨迹数据,使错误数据判断更加准确。

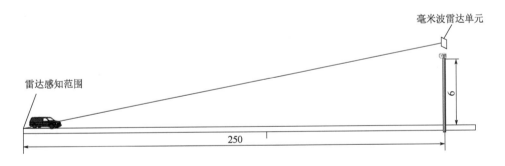

图4.1-3 毫米波雷达安装示意图(尺寸单位:m)

由于雷达目标检测能检测出大量实际物体的多反射点,因此其每一帧中都可能有上千个测量结果,这个每一帧的测量结果称之为"点云",每个测量结果代表一个反射点,包括径向距离、方位角、径向速度,以及雷达散射面积等字段。

利用毫米波雷达获取包括雷达反射面积在内的车辆雷达反射数据,以及车辆轨迹数据(轨迹点的经纬度、轨迹点对应的平均速度、轨迹点对应的平均加速度和雷达反射时间,通过获取反射时间得到该帧数据的时间戳)。

对获取的目标进行如下判断:

(1)对于不连续出现的车辆,将其判断为不同的车辆。具体通过激发态进行识别:在具体的应用中,一般将反射面积为宽度 3～5m、长度 3～25m 的物体定义为激发态,并且判定为车辆。此外使用静态杂波滤除的方法(将多普勒速度为零的信号去除),从而完成目标的识别。

(2)异常值的去除,判断连续轨迹前后的位置差异和速度差异。如果差异过大则判断为错误轨迹点。依据实际情况给出阈值:速度差超过 5m/s,则为异常。

(3)大车的误判,在大车的雷达反射面积下,容易形成头尾两团点云,从而被识别成 2 辆小汽车,一般通过设置车距过近的轨迹,利用距离为 1m 的阈值即可删除。

在完成了车辆目标的识别并且完成了数据的清洗后,需要进行多目标的跟踪。在所采用的 2D 毫米波雷达当中,一般是在极坐标中进行雷达的目标识别,我们将其转换成依据实际定位后的道路坐标的笛卡尔坐标系。此时的点云图如图 4.1-4 所示。图中这些目标都是经过目标除噪后剩余的可能是目标几何外形上的散点(平面投影)。其中颜色的深度代表了雷达识别目标速度的大小。因此我们可以依据颜色初步主观判定哪些目标可能为同一目标。

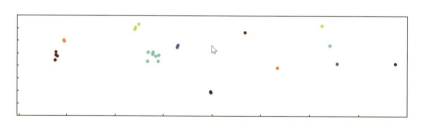

图 4.1-4　毫米波雷达单帧多目标点云图

在完成了目标追踪和噪声初步去除,以及坐标系转换后,需要进入轨迹跟踪(数据关联)的步骤当中。一般来说,多目标关联的过程如图 4.1-5 所示,其中蓝色的部分为卡尔曼滤波器的相关工作。

具体来说,雷达的多目标追踪过程如下:

(1)对每一帧的所有雷达碰撞进行聚类。

(2)得到每一处聚类的速度/位置。

(3)根据当前时间戳以及当前对象的位置速度,计算下一次时间戳的对象预测位置。

(4)根据下一时间戳下的所有信息完成对上一帧的匹配,并进行验证。

(5)雷达组群数据融合——相邻区域同一车辆行驶轨迹衔接。

(6)对进入雷达重叠扫描区的碰撞点的特征进行提取(速度/位置)。

(7)在相近的时间戳匹配相邻雷达计算得到节点特征并对特征节点进行匹配。

(8)将偏差小于某一给定阈值的组合认定为同一辆车。

(9)得到车辆轨迹衔接。

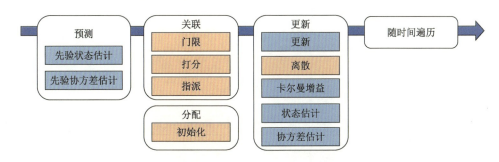

图 4.1-5　多目标关联技术流程图

4.1.3　基于毫米波雷达组群数据的车道线形估算

随着毫米波雷达硬件成本逐步降低,部分军用高精度毫米波雷达逐步开放给民用领域,毫米波雷达在交通领域的应用逐步扩大。因此,对路域的车辆轨迹信息采集分析,可基于毫米波雷达的数据来进行。在大数据时代,由于车辆轨迹数据量极大,车流轨迹数据可以在统计意义上反映车道线形,而车道线是道路本身的基本属性之一的体现,是后续进行相关研究的重要先决条件,因此通过毫米波雷达间接实现车道线形检测成为可行的方案。

目前对车道线的检测主要是以实际拍摄的图像分析为主。在毫米波雷达作为主要传感器的路段,采用传统的图像来提取车道线势必会带来一些额外的经济成本,如安装视频设备,以及基于图像和轨迹数据的二次研发和调试等。此外可能还会带来两种设备的数据对接等一系列问题。

另外,现有的车道线形检测方法都是依托视频图像进行二次开发识别,没有非视认性的线形检测方法,而对于将毫米波雷达作为主要传感器的道路,如果采用摄像机做车道线形检测,需要将拍摄的视频图像与雷达进行二次开发数据融合,才能将车道数据和毫米波雷达获取的车流数据匹配到一起,适配性差,成本高。

为了克服上述现有技术存在的缺陷,笔者将阐述一种基于毫米波雷达数据的车道线形检测方法,该方法充分利用毫米波雷达返回的数据,从统计学意义上实现车道线形感知,可获取更加准确的车道线。基于毫米波雷达组群的车道线形检测步骤如图 4.1-6 所示。

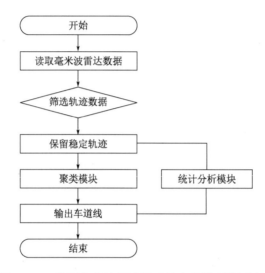

图 4.1-6 基于毫米波雷达组群的车道线形检测步骤

1) 车辆轨迹数据库和车辆雷达反射数据获取

依据 4.1.1 节~4.1.2 节可知,道路上安装的毫米波雷达可以感知道路上移动的车辆,从而可以获取毫米波雷达检测的车辆轨迹数据和车辆雷达反射数据。

其中,毫米波雷达组群设备通过安装在一定高度的杆件上,同时适当倾斜,可实现对一定距离范围内物体位置的探测和感知。其安装方法及感知范围如图 4.1-7 所示,对于三车道而言,包括车道 1、车道 2 以及紧急停车带,在道路两侧设置一定高度的横杆,将毫米波雷达组群设备安装在横杆中央,以探测车道上包括车辆在内的物体位置、速度等信息。当车道 1、车道 2 的宽度为 3.75m,紧急停车带的宽度为 3m,并设置杆高为 8m 时,利用设备可获知长度 250m、宽度超过整体道路宽度的探测范围。

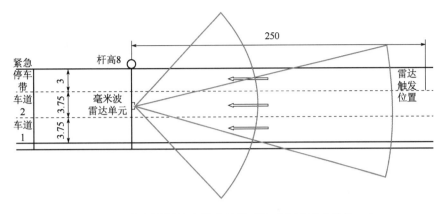

图 4.1-7　毫米波雷达安装方法及感知范围(尺寸单位:m)

毫米波雷达检测的车辆轨迹数据的字段包括车辆 ID、时间戳、车辆相对雷达的径向坐标、车辆相对雷达的切向坐标、车辆速度的径向分量和车辆速度的切向分量。车辆雷达反射数据包括雷达反射面积、轨迹点的经纬度、轨迹点对应的平均速度及方向识别轨迹数据。同时在数据库中建立两套数据集,一套为 trace,即车辆轨迹数据集,另一套为 roadpoint,即将道路栅格化后得到的路点数据集。轨迹点对应的平均速度指的是该轨迹点与该轨迹点的前一位轨迹点组成的轨迹段的平均速度。

通过轨迹读取算法读取毫米波雷达检测的车辆轨迹数据,该数据以历史数据以及实时输入的数据为输入数据,便于快速启用车道线提取,并且能够不断调整,从而减少在运行过程中雷达设备由于路面交通、风等其他因素导致检测设备振动带来的数据误差,得到雷达时序数据。

2) 剔除错误轨迹并保留稳定的车辆轨迹

建立轨迹数据筛选模块,进行初步数据质量筛选,读取毫米波雷达组群设备检测到的雷达数据。轨迹数据筛选模块依据车辆雷达反射数据中的反射面积、轨迹点的经纬度和/或轨迹点对应的平均速度及方向识别轨迹数据中包含的错误数据,消除由于数据丢失、相邻两辆车之间存在反射面积遮挡、定位故障、网络传输错误、静态物体反射噪点等原因造成的轨迹数据缺失或数据字段异常。

对雷达反射面积进行判断,剔除反射面积宽度超过 5m、长度超过 25m 的反射数据。因为反射面积宽度超过 5m、长度超过 25m 的物体一定不是车辆,很有可能是大面积绿植、护栏及附属标志广告牌。

依据毫米波雷达组群检测的车辆轨迹数据中轨迹点的经纬度和/或轨迹点对应的平均速度,识别轨迹数据中包含的错误轨迹。识别某一轨迹点是不是错误轨迹点,不仅需要分析该轨迹点本身的经纬度和/或平均速度,还需要分析相邻轨迹点或相邻轨迹段的经纬度和/或平均速度。当该轨迹点的经纬度超出同一时间戳相邻轨迹点的位置范围,或当该轨迹点的经纬度超出相邻时间戳轨迹点的位置范围,或当该轨迹点的平均速度与同一时间戳相邻轨迹点速度差超过 5m/s,则同样认为很可能是错误轨迹点。

反射数据还包括反射时间。通过获取的反射时间来定义帧,每个反射时间对应一个时间戳,也就是一帧。毫米波雷达检测的车辆轨迹数据的字段的时间戳与雷达反射时间得到的时间戳为同一时间戳。

剔除错误数据后,对车辆雷达反射数据的连续性进行判断,由于雷达数据的指针是循环使用的,所以要对相同指针的物体进行区分,对于相同指针的物体(即雷达数据 ID 对应相同的物体),若在不同帧中出现不连续的情况,则判定为不同的车。

3) 车辆轨迹数据聚类

对清洗后的数据进行聚类分析,提取车道线形输出。聚类模块分为横向聚类以及径向聚类(横向指的是平行于路面横断面方向,径向指的是平行于车道线方向)。横向聚类就是进行横向初始稳定点聚类,横向初始稳定点聚类的目的是,依据车辆轨迹确定出车道数目,并以此为后续获取这个车道线形的参考点。横向聚类处于毫米波雷达设备检测数据保留段的中点段的横断面处,获取道路每个车道的连续中心线。径向聚类的目的是,以稳定的横向参考点为基础,进行径向的延伸,从而定出车道线形。径向聚类是对所有的轨迹点进行聚类。

径向聚类通过将清洗后所有轨迹点分段进行聚类。将毫米波雷达组群获取的某个路段的车辆轨迹按一定聚类(一般定位 0.3m)分为若干段,对每段轨迹根据欧式距离分别进行聚类,获取每段轨迹所有轨迹点的平均坐标点,作为每段轨迹的虚拟几何中心(X_{Ti}, Y_{Ti})。以整个路段毫米波雷达组群设备第一个所监测的路段的聚类中心坐标(X_{T0}, Y_{T0})为中心(也作为径向聚类的初始稳定点),建立道路栅格网络,并放入 roadpoint 数据集,栅格单元大小为 $0.1m \times 0.1m$,选取 roadpoint 数据集中与(X_{Ti},Y_{Ti})最近的栅格点(X_{Ri},Y_{Ri})。对一系列(X_{Ri},Y_{Ri})点,也就是各段路径的(X_{Ri},Y_{Ri})点进行径向连接,并进行平滑处理,获取连续的道路中心线作为道路线形依据。

横向聚类则是要获取每个车道的线形,具体而言,横向聚类根据毫米波雷达获取的中心点坐标按车道进行聚类。对雷达获取的路段分段后的单位长度(一般为 0.3m)的路段,即分段后的每段轨迹分别进行横向初始稳定点聚类,根据现场道路车道数量确定横向聚类的方法,如果是三车道则对轨迹点横向聚类为三个点位,重复上述步骤,从而获取道路每个车道的连续中心线。若现场道路为两车道,则对轨迹点横向聚类为两个点位,重复该步骤,从而获取道路每个车道的连续中心线,根据连续中心线获取整个路段的线形。

径向聚类是获取整个路段的中心点,横向聚类是获取路段每个车道的中心点,一个是获取整个路段的线形,一个是获取各个车道的线形。横向聚类获取路段每个车道的中心点,进而能够获取各车道对应的车道宽度,根据各车道的车道宽度进一步能够得到各个车道的线形。而径向聚类能够获取整个路段的线形,进而可确定车道走向。结合各个车道的线形、车道宽度以及车道走向,可确定获取该路段的实际车道线形。横向聚类和纵向聚类都是要通过若干次聚类的步骤,将第一次聚类获取的点称为初始稳定点。

为了避免在横向初始稳定点聚类过程中因聚类初始稳定点的选择不当导致聚类不准确或聚类类别缺失的问题,该检测方法首先采用特殊的针对单点敏感的聚类方法确定初始稳定点,以此作为后续获取这个车道线形的参照点。初始稳定点为整个路段的中心点,通过聚类得到的第一个点必然是后续聚类的参考点,也是初始稳定点。因部分车道的车辆数要远远小于其他车道(如货车车道),对于车辆轨迹很少的车道,为避免其轨迹点过少而在聚类时被忽视,需要采用对数量很少的点聚类也很敏感的聚类方式,即针对单点敏感的聚类方法进行初始稳定点的确定,确定的初始稳定点即表示稳定车道的数目。这保证了后续获取这个车道线形的精度与稳定性,进而提高该方法计算的稳定性。

在径向聚类的方法中,由于车道线本身符合连续性,以及在平面上满足平曲线的线形设置,在聚类过程中,对各个车道纵向的轨迹点进行聚类,为了避免行车轨迹不均匀带来的提取车道线径向聚类点不均匀或者偏差的问题，通过统计分析模块，对行车轨迹进行修正，主要为依据区间轨迹的统计结果，计算这一过程车辆偏转角度，从而对车道线进行修正。区间轨迹的统计结果为通过对该路段所有轨迹的切向角度求平均值，将该平均值作为车辆偏转角度，并将车辆偏转角度作为该路段的车道线偏转角度。

4）输出车道线

输出已经完善的检测范围车道线，并不断经过数据的输入，不断重复以上过程，从而不断调整并输出车道线。

4.2 基于机械激光雷达的收费广场等大视角场景车辆多目标轨迹追踪

4.1节中已经介绍了毫米波雷达的硬件及软件架构搭建等基本内容。然而，由于一些限制，毫米波雷达技术无法处理在收费广场等大视角场景下的多目标轨迹追踪问题。相应地，激光雷达除了造价昂贵以外，如果在某些特定场景下应用激光雷达补充毫米波雷达的感知轨迹，将实现跨海长大桥隧全域交通状态感知，提供更加精细化、细粒度感知的车辆轨迹数据。

因此，本节将介绍一种机械激光雷达全向车辆多目标轨迹追踪的系统及方法。该方法包括由激光雷达和边缘计算单元连接组成的数据采集单元并联后，依次连接服务器单元和客户端单元，服务器单元包含数据储存单元和数据分析单元。数据采集单元分布于收费广场等大视角场景下的不同位置，用于检测车辆的几何属性和轨迹信息，以及路面等特殊标志物的几何信息。服务器单元根据存储的数据，对数据采集单元进行位置标定，统一轨迹坐标，在重叠段进行完备轨迹和非完备轨迹判断并融合，最终输出到客户端，如图4.2-1所示。

图4.2-1所示数据采集单元中，通过边缘计算盒，将激光雷达采集到的点云数据分析计算，得到单个雷达所能采集到的车辆轨迹数据，以及场景特征点数据。服务器单元接收到不同的轨迹数据存储在数据存储单元中，并将场景特征点数据也进行存储，通过场景特征点数据标定激光雷达自身位置，将轨迹数据在

服务器单元转换为同一坐标系内,再对缺失区域和重复区域数据进行处理,最终由服务器端输出城市交叉口全区域的轨迹数据到客户端。

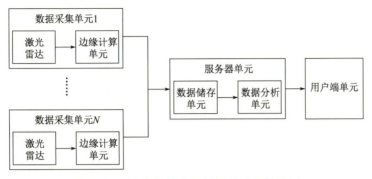

图 4.2-1　激光雷达多目标追踪系统结构图

将上述系统运用到实际,具体的轨迹数据提取方法如图 4.2-2 所示,具体的安装场景如图 4.2-3 所示。

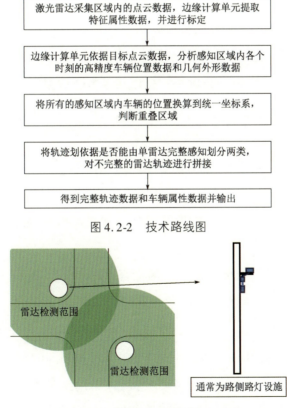

图 4.2-2　技术路线图

图 4.2-3　现场设备安装感知示意图

其具体步骤如下:

(1)在单个数据采集单元中,采集场景包含车辆、行人、路面、非机动车、道路设施、建筑等在内的点云数据。与此同时,边缘计算单元提取场景内其他设施的位置,如电线杆、标线等设施位置。场景内其他设施的位置,则需要现场踏勘,或者从技术资料获取。

(2)通过边缘计算盒提取其中的车辆的位置以及几何信息,包括车辆长宽、形心位置、速度、转角等数据。

(3)将所有的感知区域内车辆的位置换算到统一坐标系,判断重叠区域。具体包括:

①依据感知到的道路特征,在服务器单元将单个数据采集单元进行坐标转换,将所采集的车辆轨迹数据中的位置信息进行转换。其他的数据,车辆的长宽,进行聚类后存储,速度和转角信息均以原数据保存。

②对齐两个激光雷达的时间戳,并通过统一转换后的轨迹数据判断重复区域的边界。

(4)将轨迹依据是否能由单雷达完整感知划分为两类,对不完整的雷达轨迹进行拼接。具体包括:

①激光雷达所检测到的轨迹(在不考虑掉头的情况下),可以大致分为两种,对不同的雷达为对称相同。对这两类轨迹类型进行分析,从而完成轨迹的初步筛选工作。

②针对这两种轨迹类型,从无须融合就可以由单一雷达感知完成的角度,分为右转完备轨迹和左转完备轨迹。对右转完备轨迹而言,这种情况下轨迹中的直行和左转是需要融合的。反之,在左转完备轨迹类型下,右转和直行是需要融合的。

③对完备的轨迹类型标记为1,一般而言,掉头车辆也标记为1,因为其一般不会超过单一雷达的感知范围。除此之外,剩余的轨迹标记为0。

④标记为0的轨迹一般包括三类:一是检测到的车辆,但是单个雷达并不能检测完整的轨迹;二是在另一激光雷达中,能够完整感知的车辆轨迹,但是由于转弯半径过大,存在一部分的轨迹被另一雷达检测到(这部分数据也应该剔除)的情况;三是由于反射以及可能的噪声等其他不稳定因素引起的轨迹片段。

⑤对所有标记为0的轨迹片段,如轨迹长度小于20个点(激光雷达车辆位置点的频率为0.05s一个位置),进行删除。对标记为1的轨迹片段进行筛查,

如果相同时间点出现片段轨迹,也进行删除。

⑥对剩余标记为 0 的轨迹进行判断,对标记为 0 的轨迹假如在重复段,对时间戳 <0.1s、位置差异 <1m 的轨迹认为是匹配成功的轨迹。对于重叠区域,处处满足上述条件的,认为轨迹完全匹配完毕。将完整轨迹输出,并标记为 11,认为其为匹配的完整轨迹。

⑦对于无法匹配成功的轨迹,通常为重叠段存在雷达感知误差,需要通过对原有的运动趋势进行轨迹预测,从而将预测的雷达轨迹与后半段时间戳的待匹配的数据进行匹配,满足上一步中的条件,则认为属于预测类型的完备轨迹。标记为 111。

(5)服务器端对上述全部的轨迹数据进行实时输出。其中应该包括车辆几何聚类信息、车辆的形心位置信息、车辆的转角信息,以及轨迹的状态信息。

4.3 雷达组群轨迹拼接与车辆连续追踪

4.1 节和 4.2 节分别阐述了毫米波雷达与激光雷达单独的系统在跨海长大桥隧中有关车辆轨迹多目标追踪的相关内容,而两者在路段及大视角场景下所探测到的数据如何进行匹配融合,如何更好地将跨海长大桥隧场景下的全域车辆运行状况进行融合输出尚未明晰。本节将介绍一种基于雷达组群(即激光雷达与毫米波雷达)的轨迹拼接与车辆连续追踪的方法,具体步骤如图 4.3-1 所示。

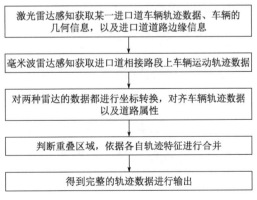

图 4.3-1　雷达组群感知轨迹数据融合流程

1) 单雷达设备系统信息获取

利用激光雷达获取进口道车辆轨迹数据、车辆几何信息(包含从激光点云中提取的车辆几何外形以及车辆几何形心所在位置),以及进口道道路边缘信息,即进口道上游路段边缘位置数据。其中,车辆的数据通常为实时采集,而进口道的道路边线则为60s一次的采集频率,这部分的数据主要用于校准以及后续的数据合并。

毫米波雷达一般获取的是进口道上游路段的车辆轨迹数据,并根据4.1.3节中所提出的方法提取路段的聚类车道线结果。

2) 坐标转换,数据对齐

一般来说,激光雷达的精度更高,所以以激光雷达的检测结果为准,将毫米波雷达的轨迹坐标转换到激光雷达所校准的轨迹中。

(1)激光雷达检测到的车辆轨迹,应当依据检测到的道路边缘,以进口道车道停止线构建坐标系,将车辆轨迹点转换到该坐标系下。同时记录稳定感知的车辆轨迹范围。激光雷达可能会因其他环境因素的干扰产生仪器晃动,因此需要利用在1)中采集的边缘线以及路面信息,对数据进行坐标转换。

(2)如果道路边线与车道线本身并不完全重合,则可以通过事先对道路属性的测量,或者这些道路属性之间的差别,进行车道线聚类的对齐。也就是说,毫米波雷达的车道线聚类结果可以按照差异数据进行对齐,并由毫米波雷达事先标定位置数据,将轨迹坐标转换到与激光雷达同一坐标系当中。另外,在对齐过程中,也应当记录稳定测量的轨迹坐标范围,此处与(1)中的轨迹坐标范围一致,均为统一坐标系中的范围。

3) 判断重叠区域,数据合并

(1)通过两者稳定检测范围的长度得到感知范围的重叠区域。首先,对齐时间戳后,将毫米波雷达得到的轨迹片段与激光雷达得到的轨迹片段进行比对。对于重叠区域内,当其纵向距离始终小于一定距离时(其阈值一般是2.5m),认为其为匹配成功。将这些重叠区域的车辆身份标识(ID)转换为一致,同时将激光雷达感知的车辆几何信息对毫米波雷达感知的车辆数据进行覆盖。

(2)由于激光雷达能够感知到车辆的几何信息,而目前一般的路侧毫米波雷达无法感知车辆的几何信息,尤其是在毫米波雷达的感知范围远端,车辆反射形心一定程度上无法反映车辆几何形心。所以此处的纵向距离阈值需要预留较大,同时为了防止横向距离车辆较近带来的误差,这里暂时只考虑纵向距离,即考虑为同一车道的距离。

(3)匹配失败的轨迹数据分为三类情况。①车辆只被单个雷达检测到了;②两个雷达都检测到车辆,但是重叠段时间戳没有满足(2)中的要求,即距离过大。③两个雷达检测到车辆,但是没有重叠段的轨迹。如果发生第一种情况,则剔除该数据;第二种情况可能是由毫米波雷达追踪误差造成,一般以激光雷达为准,在后续的数据处理中对匹配数据进行卡尔曼滤波处理;第三种情况,以毫米波雷达轨迹进行匀速直线运动,直到轨迹对齐,并在轨迹采集中标注这部分数据为简单预测数据,离线部分的数据也需要进行卡尔曼滤波处理。

最终,通过上述过程获得跨海长大桥隧下的全域轨迹数据,同时还包含大量的其他有效信息,如车辆几何信息、道路属性,以及数据标签(是否为预测数据等)。

4.4 卡口车牌信息提取与路域轨迹对照配对

卡口车牌信息提取与路域轨迹对照配对主要是利用雷达与卡口视频传感器实现多源信息的融合感知,即雷视融合技术。雷视融合技术的原理是通过将雷达和摄像头的数据融合实现更加精准的目标检测和跟踪。该技术被广泛应用于自动驾驶、智能安防等领域,成为人工智能发展的重要方向之一。

雷达和摄像头是常见的两种传感器。雷达可以通过发射电磁波并接收其反射信号,来获取目标的位置、速度、角度等信息,具有强大的探测能力,但无法识别目标的具体形状和属性;摄像头则可以捕捉目标的视觉信息,包括颜色、纹理形状等,但在恶劣的天气条件下,其识别能力会受到很大限制。因此,将两种传感器的数据进行融合,可以充分发挥它们各自的优势,实现更加准确的目标检测和跟踪。具体来说,雷达可以提供目标的位置和速度信息,而摄像头可以提供目标的形状和属性信息,将两者的数据进行结合,可以得到更加精准的目标信息。

根据接口情况来看,雷达轨迹捕获的是基于单个车辆的轨迹信息记录,而摄像头视频数据则是基于单个摄像头提取的数据生成事件,两者从提供的数据样例来看,没有直接的关联关系。

目前现场雷达设备和摄像头设备都是一一对应的,如果设备安装在同一个灯杆上,根据这一特征建立雷达设备和摄像头设备对应关系表,则可以匹配局部范围的数据。目前从雷达提供的数据上看有 Radar ID,而摄像头这边对应有设备编码可以与之对应。

雷达和视频进行目标车辆匹配的前提是雷达和视频中的数据有足够的信息重合。雷达和视频分别具有以下信息用于匹配:

(1)空间:雷达装置和摄像头通过另外的位置映射表进行位置匹配,另外还需要目标物的车道信息;在车辆多的情况下甚至需给出周边目标物信息用于群体匹配。

(2)时间:每辆车被识别的时间戳(视频数据需追加,不仅仅是事件发生后的时间戳)。

因此,基于雷达数据和视频数据结构,有以下两种思路进行雷视融合。

1)基于事件的融合

因为事件发生频率相对较低,基于事件进行数据融合,对视频分析的要求相对低一些,可以满足一些事件回溯的需求,但不满足车辆轨迹的虚拟化展示需求。

考虑到雷达捕获的事件数据在同一位置下、同一时间点存在多个不同车辆的轨迹信息,还需要结合各自的坐标体系对车辆进行对应。雷达一般采用的是空间坐标,高程数据作用不大;视频一般采用的是基于平面的二维坐标。

融合条件见表 4.4-1,结合表内多种融合条件对多流数据进行时间窗口合并。

事件融合条件　　　　　　　　　　　表 4.4-1

雷达数据	视频数据	备注
雷达唯一标识	摄像头唯一标识	根据关系表建立两者对应关系
停车事件	停车事件	获取相同场景下的外形特征数
时间戳	事件发生时间	两个数据的时间精度需转换一致
车道	车道	各接口提供车道信息以提高数据匹配的准确度
车速	车速	雷达提供精确速度,视频提供大致速度,用于权重匹配

如果同一雷达、同一时间点存在多个同类型事件(如停车),则还需要结合坐标或空间关系进行数据对应,具体见表 4.4-2。

空间数据匹配　　　　　　　　　　　表 4.4-2

雷达数据	视频数据	备注
时间发生坐标	视频检测车辆框的坐标	根据雷达截面和视频截面的对应关系,计算出目标位置的相关性,以相关性为权重进行匹配

2)基于轨迹的融合

基于轨迹的融合主要用于路域车辆的追踪和轨迹虚拟可视化。由于追踪目标多、时间长,对于视频分析的性能有较高要求。

目前视频结构化的数据是基于停车事件发生时捕获的车型数据,基于车辆轨迹融合,需提供每一辆车的车型数据信息。如果要求雷达轨迹和视频车辆特征一一对应,则难度相较事件融合会高很多,还需要结合车道、车速以及坐标位置等综合判断。

另外,还有起点绑定的方式,如在闸口设立激光雷达,通过特征获取辅助设备,如高清摄像头、ETC 或动态称重获取每一辆车的特征数据,然后建立与雷达轨迹的映射,使车辆特征与雷达检测目标 ID 建立对应关系,起点过后只要雷达不跟丢,就能实现轨迹数据与车辆特征一一对应。

通过 1)与 2)融合后的数据结果可知,基于轨迹融合的方法一般是通过在雷达轨迹上添加车辆特征数据,相关数据名称和样例见表 4.4-3。

融合数据名称及样例 表4.4-3

数据名称	数据样例
雷达编号	100800102
检测物编号	111
时间戳	1654672934436
记录时间	根据时间戳转换'yyyy-MM-dd HH:mm:ss'格式
异常状态	0,基于轨迹数据融合时,大部分数据非异常
事件ID	×××××××
事件类型	事件类型,如视频停车事件
车型	小车、大车
车道	雷达、视频双方都提供,这样可以提高匹配的准确度
车速	使用雷达提供的速度(视频计算的大致速度用于车辆目标匹配)
颜色	视频结构化数据提供,用于虚拟车辆轨迹可视化
上行、下行	0上行,1下行

第 5 章

港珠澳大桥交通运行数字孪生模型与运行状态平行推演系统

数字孪生作为一种先进的模拟与仿真技术,已经在多个领域得到了广泛应用。在港珠澳大桥的交通运行管理中,数字孪生为我们提供了一个全新的视角。通过多源传感器对桥梁结构、交安设施、交通流、气象状况等多方面数据进行实时监测和模拟,在自主研发的三维数字底座上开发数字孪生模型,帮助我们更全面、准确地理解和展示港珠澳大桥的交通运行状况和应急管控。港珠澳大桥交通运行状态平行推演系统的设计旨在通过数字孪生模型构建港珠澳大桥的交通运行数字化副本,实现对港珠澳大桥交通运行状态的平行推演和实时监测。

本章在传统交通仿真的基础上,针对桥岛隧集群基础设施特征与交通运行环境,研究了集高程数据为一体的轻量化数字孪生系统基本构建办法,建立了自主研发的港珠澳大桥二维、三维基础设施数字孪生与运行监控系统-交通-设施等多要素的映射关系,对平行仿真系统进行了初步研究,实现了交通运行仿真可视化。以相关传感器数据为基础,进行了数字孪生系统中由数据层到建模层的转换,实现了人机交互界面,为数字孪生系统与微观交通仿真模型的融合打下研究基础。最后,从概念角度提出了交通运行孪生系统的构建方法并进行展望,为今后全息交通平行仿真系统的构建提供了实践指导。

5.1 道路基础设施数字底座的生成

港珠澳大桥的数字孪生底座和平行仿真需要全息可视,直观地反映全域空间的实际交通运行情况,可以作为所有其他数据的基底对其他数据进行映射。为了实现全桥动态的数字孪生,建设的数字底座除了物理上能够与真实结构时空映射之外,最关键的要求就是要随着动态车辆数据的输入而自适应,与动态数据之间保持着动态的匹配过程,从而能够适应动态数据的波动,保证交通数据长期准确性,保障智能化运维的可靠性与稳定性。

从交通运行数字孪生的角度而言,数字底座具体要求是全要素地反映道路状况的基本信息,且能满足不同业务功能的不同需求;在大桥的日常运维工作中,日常的监控和巡查工作需要获取车辆在大桥的实时位置,以及所在车道;大桥的日常施工维养,需要控制对应车道的管控状态;当出现交通事故时,需要路政、救援、交警等进行应急响应,也需要快速锁定所在桩号和车道。仅仅从上述需求考虑,使用二维的道路场景基本就可以满足桥上日常运维工作的需求,但是仍然难以满足事件全息还原和时空回溯的高度可视化效果。因此,动态的车辆轨迹数据在三维的场景中进行还原也是必要的工作。港珠澳大桥交通运行数字孪生模型和运行状态平行推演系统对二维数字底座和三维数字底座均进行了深入实践,为交通运行数字孪生积累了有益的探索和经验。

5.1.1 二维数字底座

随着需求的变化,交通监控的尺度从全域全流到单车追踪也在不断变化。对于在大桥全域范围内表现车辆的运动状态需求,其数字底座面临轻量化、实时性的要求。港珠澳大桥主体工程一共有 22.9km 左右的监管范围。对于需要实时加载轨迹的数字底座,为了达到车辆的实时运动,只使用道路底图进行关联,无法完全刻画车辆的运动状态,因此需要使用矢量点表征道路的线形。对应的车辆依据矢量点的投影关系进行轨迹的绘制。矢量点的数量和密度决定了生成的数字底座的视觉效果,数量过多,会使得加载车辆时延较大,需要实时解算绘制的点数过多。数量过低,画面毛刺较为明显,即道路的平面线形过渡不平顺,导致孪生视觉体验较差,有明显的失真感。

就平面线形而言,道路基础设施数字底座的生成可以简化为获取长大桥隧的二维矢量点,同时还需要满足点的数量合理、轻量、快速的要求。因此,生成道路基础设施数字底座,最直观的方法是使用大桥本身的平面线形设计资料为基础。此时,需要将大桥的平面线形设计资料转换为二维的矢量点表示。部分研究甚至使用卫星地图或者其他地图进行手动选点或者自动选点,从而拟合出二维平面线形,这不失为一种在没有设计资料下的替代方法。但是卫星地图或者其他地图的精度有限,在绘制二维散点的时候,尽管可以大致刻画大桥的平面效果,但是难以完全还原其平面线形,尤其是对圆曲线、缓和曲线等还原度较低。因此,在有平面线形资料参考的情况下,可以依据平面线形资料进行相应的转换。

在一般的工程当中,主要有 2 种技术手段能够将平面线形资料转换为 GIS 底图。一是使用一定的方法直接对大桥的二维平面图形进行打断,读取固定距离的点位,从而获取逐点的工程坐标。在实际的操作中,对于距离较大的曲线,比如100m的情况,这种方法会造成较大的毛刺,不能采用此方法。

在道路的平面设计资料中还有一个重要的设计依据,即直曲转角表,该表包含了道路设计平面要素中点的位置、工程坐标、半径、转角等,表内已经刻画了平面线形要素所需要的所有参数,其示意图见图5.1-1。

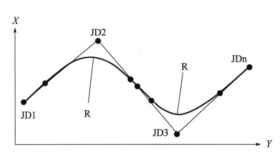

图 5.1-1　道路的平面要素示意图

●-路线控制点,其中 JD_x 为交点;R-曲线半径

因此只需要将曲线与弧长的方程进行联立,即可获得对应桩号的工程坐标。为了满足道路平面线形轻量和快速的要求,结合道路平面定线的知识,对直线和圆曲线进行了不同程度的加密。其中,直线仅使用首尾的点位,圆曲线进行每20m桩号的加密。这是由于直线的线形表达对点数并不敏感,即便只有2个点位,也能表达完整直线;即使加密到了每2m一个点,外观上也不会有任何变化。这正是从线形角度推理道路基础设施数字化表达的核心所在,因为这种思路能够从源头控制节点的数量,在直接使用 GIS 或者手动选点的时候,可能都因为无法很好地确定线形条件从而难以避免主观选点带来的误差。

最终大桥数字底座生成的二维点位的线形表达如图5.1-2、图5.1-3所示。

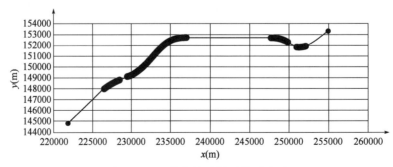

图 5.1-2　道路基础平面线形生成

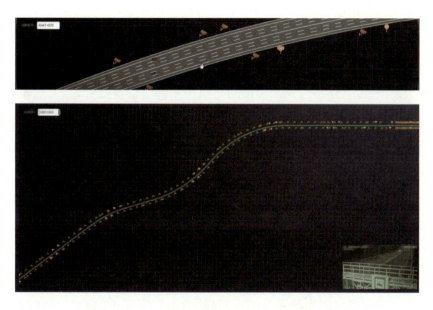

图 5.1-3　道路基础设施数字底座效果

注：图中绿色部分为道路线形，橙色部分为基础设施。

5.1.2　三维数字底座

港珠澳大桥管理局基于自研数字模型构建平台和轻量化模型构建技术，从港珠澳大桥全生命周期业务协同出发，将标准化的几何信息和非几何信息进行模型化和可视化，构建面向桥岛隧智能运维业务的三维数字底座，全面准确地表达运维阶段的结构静态信息和业务动态信息。在此基础上，建立了数据标准体系，采用元数据和元数据模型，通过标准化的手段推动数据的互联互通，为桥岛隧集群工程运维全场景各业务集成、协同调度、及时响应等提供数据层面技术支持，解决港珠澳大桥运维中信息传递效率、使用准确性以及多源异构数据的融合与互联问题，从而降低运维技术难度，为港珠澳大桥智能运维提供高质量、高价值数据。

1）建立三维数字底座的基础：数据标准与数字化离散

港珠澳大桥结构数字化离散指基于全桥（桥岛隧）工程结构、空间位置方式对实体大桥进行解构，并通过激光点云、倾斜摄影、数据模型构建等技术进行数据采集与模型构建等数字化呈现过程。港珠澳大桥跨度长、体量大、结构复杂，单要素、单维度的解构无法将工程实体对象真正应用于数字化生产中。过度解构会造成工程实体对象过多，数字化成果体量过大，无论是最终结果的呈现或实际养护业务的应用都无法支持;而粗略的解构会造成数字化大桥与实体大桥差异过大,无法支撑养护运维业务的开展。现行标准缺少对跨海大桥的针对性解析。同时,现行标准多以IFC标准体系为框架,IFC标准以建筑为基础,对桥梁工程有所拓展,但其体系整体是考虑与建筑体系的衔接与融合,与交通领域的关联性较弱,尤其是难以简单、高效地应用于跨海大桥数字化离散。因此,需要结合港珠澳大桥工程建设实际经验与养护运维业务需求,建立优化的信息模型构建标准。研究团队在粤港澳大湾区标准《桥岛隧智能运维数据标准体系 建设指南》(T/GBAS 1—2022)的基础上,编制了《桥岛隧智能运维数据 桥梁结构》(T/GBAS 3—2022)、《桥岛隧智能运维数据标准 人工岛结构》(T/GBAS 50—2022)、《桥岛隧智能运维数据 沉管隧道》(T/GBAS 49—2022)和《桥岛隧智能运维数据 交通工程设施结构》(T/GBAS 51—2022),充分考虑了跨海桥梁实际养护运维需求和模型创建与展示的可行性,为港珠澳大桥的数字化离散提供了数据标准基础。

《桥岛隧智能运维数据 桥梁结构》(T/GBAS 3—2022)、《桥岛隧智能运维数据标准 人工岛结构》(T/GBAS 50—2022)、《桥岛隧智能运维数据 沉管隧道》(T/GBAS 49—2022)和《桥岛隧智能运维数据 交通工程设施结构》(T/GBAS 51—2022)融合不同桥型的结构解析方法,建立了统一的大桥结构划分表,从部位、构件、子构件、零件四层对全桥结构进行类型层面的解构。同时,考虑到跨海大桥桥型的多样性、桥梁结构的复杂性,以及未来工程技术发展的可能性,信息化大桥方案支持桥梁结构划分方案在不同层级的拓展,能够不增删原有结构即可对新增对象进行扩展并与原有数据融合。在此基础上,依据港珠澳大桥竣工图纸,对建模对象进行实例层面的解构,并依此应用自主研发的大型国产数据模型构建软件进行数字模型创建,完成数字港珠澳大桥的信息化、可视化、图形化的"零状态"建构,如图5.1-4所示。

2)数字模型的构建与可视化展示

基于数据标准、结构解析和业务需求,对数字模型的单体尺度要求进行信息模型创建,通过轮廓断面代替矢量路径控制点,在不损伤模型几何信息的基础上减小模型体量,充分发挥建模软件的共享单元机制,处理三维建模过程中结构类似构件,极大缩减文件体量。

图 5.1-4　港珠澳大桥青州桥模型

基于自主研发的国产建模平台开发辅助建模插件工具，对梁式桥、斜拉桥的标准化构件进行构件库建设与参数化建模工具开发，支持不同桥梁模型的快速构建。通过开发自动化及半自动化插件，快速、批量完成海量信息的生成与录入工作。模型构建完成后，通过数据交换形式拟合项目整体空间坐标系，验证所有构件之间的拓扑关系；通过研究不同类型的构件属性在数据交互过程中单元划分类型，优化调整模型构件绘制机理，确保模型单元划分层级稳定。融合跨平台、多专业的模型数据，对数据进行进一步解析、渲染，并自定义场景创建，从而支持业务系统对于信息模型的调用。

为了支持各业务系统不同应用场景的模型应用需求，满足不同精度、不同层级对象模型的实时切换，实现跨精度、跨层级、跨格式模型的自定义组合等功能，基于自主研发的国产建模平台与协同平台开发子模型聚合功能，支持不同任务下的子模型自定义生成、编码、展示、调用，建立桥梁全结构、全实例的结构树，同步创建挂接全精度模型场景，以编码的方式关联结构树与场景，并通过与结构树的交互，进行不同层级、不同精度、不同对象模型的展示与调用工作。依据不同应用系统功能模块的模型精度需求，在不同功能模块下，内置对应精度、视角、渲染方式的模型，最终实现包含机电设施等大桥重点结构对象的精细化展示，为沉管隧道的精细化管养，尤其是交通运行智能监测与预警奠定了基础。

通过全桥数字模型快速构建技术、模型轻量化技术、多源异构数据融合技术等技术的研发，基于数据标准和不同业务场景应用需求，构建不同精细度等级的数据模型，同时涵盖几何信息和非几何信息，实现不同模型精度和信息深度的无缝衔接,实现模型三维可视化。同时,通过可视化模型应用协同平台,使多源异构数据模型实现跨平台协同处理与应用,解决跨海桥梁全生命周期运维数据种类多、结构复杂、动态性强导致数据融合困难的问题,实现数据模型在智能化检测、监测与评估、交通运行监控与预警等多应用场景下的可视化交互及综合展示应用,为跨海桥梁的养护运维业务应用提供数据支撑。

3) 交通智能监控与预警的数字内核

对于交通运行数字孪生而言,过大的三维模型是冗余的。在交通运行当中,桥梁的细节结构或构件(如箱梁、桥塔等)并不在关注的范围内,数字信息的细节层次过高,反而会削减系统运算和渲染的速度,不利于实时的交通数字孪生效果。因此,交通智能监控与预警数字孪生的三维模型仅需在模型中体现桥面交通信息,如车道、标线、交通控制、指示基础设施等元素,并在此基础上,综合提升三维可视化的交通运行展示效果、功能并降低模型冗余度,满足模型轻量化要求。

在港珠澳大桥运维数据标准体系与数字化模型的基础上,通过构建"数据标准-结构解析-数字模型-交通数字孪生"的交通智能监控与预警数字内核,为现场异常个体交通行为辨识与研判、维养作业区交通安全风险监测与管控、桥隧交通运行与风险预警等业务场景提供基础数据支撑,打通"交通感知-仿真分析-应急响应-复盘评估"业务链条。

本系统是基于全精度三维模型构建的交通数字孪生,仅反映了主要的构筑物特征,在充分保证大桥构筑物辨识度的同时,也保证了模型轻量化,可实现高效实时渲染,本系统三维模型如图5.1-5所示。

图 5.1-5

图 5.1-5　大桥数字信息模型

5.2　轨迹与数字模型匹配校准及精度检验

5.2.1　基础设施坐标匹配

在港珠澳大桥的交通数字孪生系统中,我们面临一个关键的技术挑战:如何将车辆轨迹数据,即经纬度坐标,有效地融入基于平面直角坐标系统构建的三维数字孪生模型中。将不同坐标系统一需要经过坐标匹配,其目的是确保数据在不同坐标系统之间的一致性和准确性。

首先,将球面坐标(经纬度)转换为平面坐标。这一转换不是简单的线性映射,而是通过复杂的数学公式来实现,这些公式考虑到了地球的椭球形状和不同地区的地理特征。例如,我们可能使用像墨卡托投影这样的方法,该方法能够将地球表面的点映射到一个平面上,同时尽可能保持角度和形状的真实性。

之后,这些转换后的平面坐标将被进一步调整和校准,如前所述,通过桩号坐标系关联所有涉及的坐标系,以匹配三维数字孪生模型的坐标系。这一步骤可能包括比例缩放、旋转和平移等操作,以确保车辆在数字模型中的位置与其在现实世界中的位置完全对应。其中涉及的坐标系主要有三种,分别为工程坐标系、桩号坐标系以及经纬度坐标系。在完成标定后,这三种坐标系在道路中的示意图如图 5.2-1 所示。

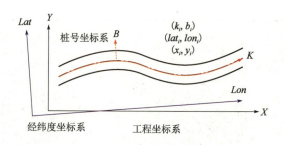

图 5.2-1　坐标系匹配完成示意图

进行坐标匹配的目的是将实时的、基于北斗的交通数据与静态的三维模型结合,从而创造出一个动态、互动的数字孪生环境。这样,我们不仅能够在模型中准确重现实际交通流,还能利用这个环境进行交通模拟、事故重现和未来规划等多种应用,极大地提高了交通管理的效率和精度。

5.2.2　轨迹数据与数字模型匹配

轨迹数据从雷达获取的原始数据出发,经历了几个坐标系的转换阶段:在雷达坐标系中为局部的笛卡尔坐标系,随后经过在 4.1.3 小节中的车道线估计,可以通过 RTK 设备校准雷达的位置,从而将雷达的轨迹投影至道路的桩号坐标系上,并同时获得经纬度坐标系。不同坐标系之间的关系如图 5.2-2 所示,不同坐标系之间可以通过 RTK 构建的特殊转换关系进行标定。具体的标定过程与传统传感器的标定过程一致。

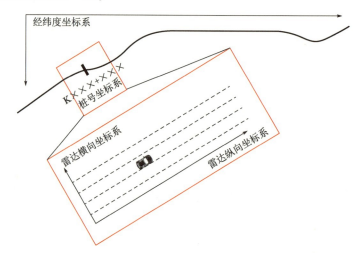

图 5.2-2　轨迹数据与数字模型匹配

在施工阶段,隧道部分无法完成定位。因此,一般仅对桥梁段进行标定,隧道段的经纬度坐标系可以通过经纬度与桩号坐标系对齐进行推算。

因此,轨迹坐标系一般需要支持两种坐标系的输出,从而更好地支撑交通运行。此外,全桥的基础设施与二维、三维底图都是在桩号坐标系下进行建立的。除了经纬度坐标系外,桩号坐标系是支撑全桥轨迹数据与经纬度坐标系的关键所在,设备与交通预警或者应急处置都要依托桩号坐标系。构建完成坐标系后,依然需要对轨迹数据的精度进行验证。

5.2.3 轨迹精度验证方法

轨迹数据的验证分为两个部分,搭载 RTK 设备的情况下,只能对单车的轨迹进行追踪,因此还需要补充在多目标情况下的追踪效果。

1) 单目标轨迹精度验证方法

数据精度检验之前需要进行时钟同步和频率同步,步骤如下:①测试之前,毫米波雷达系统和 RTK 系统与 UTC 时钟同步;②由于毫米波雷达系统以 0.1s (10Hz)的时间间隔间歇记录数据,需要将 RTK 数据输出频率调整为 10Hz。③基于 RTK 记录的轨迹时间戳,将毫米波雷达获取的车辆轨迹插值至 RTK 记录的时间戳位置。

2) 多目标轨迹精度验证方法

多目标轨迹精度验证方法使用由多目标跟踪挑战基准(Multi-Object Tracking Challenge Benchmark,MOT)提供的多目标追踪评价指标 MOTP 及 MOTA。MOTP 为所有成功跟踪匹配的目标中,目标的估计位置与真实位置之间的平均距离,可以衡量跟踪系统在估计目标位置方面的性能。MOTA 可以衡量跟踪系统在目标识别和连续跟踪过程中保持跟踪方面的性能(如目标漏报、误报、不匹配等)。

数据精度检验之前需要进行时钟同步和频率同步,步骤如下:①对比无人机视频轨迹和毫米波雷达轨迹,以某一时刻某一桩号为参考点手动完成时间同步。②在同步过程中,随机抽取 10 辆车,计算其经过同一位置的毫米波雷达系统时间戳($T_{\text{MMW-}i}$)和无人机视频时间戳($T_{\text{UAV-}i}$)平均差值 ΔT,以确定轨迹跟踪精度检验过程中由于时间同步问题导致的系统误差。结果表明,对毫米波雷达系统的跟踪结果进行验证时,由于系统误差导致的位置估计误差可达 0～0.5m。由于无法对无人机内视频时间进行重置,因此在没有参照标准时间(如 UTC 时间)的情况下,无法实现高精度同步。

5.3 交通数字孪生构建

随着我国长大桥隧的快速建设和公众使用长大桥隧的需求逐年攀升,基于雷达-视频感知组群,实时获取车辆运行轨迹,感知交通运行状态,结合基础设施智慧感知,实现长大桥隧智慧设施与交通运行数字孪生,对消解交通风险与实现交通安全主动管控有重要研究价值。交通数字孪生模型的总体框架如图 5.3-1 所示。其中,所有孪生模型都是在桩号基础上完成的匹配,可以充分利用既有基础设施的位置信息。

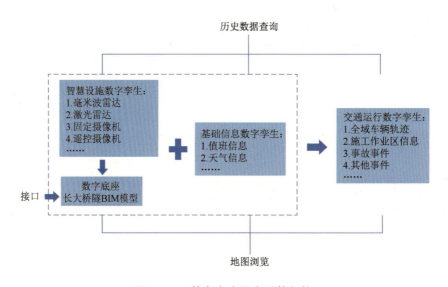

图 5.3-1　数字孪生平台总体架构

5.3.1　智慧设施数字孪生

智慧设施数字孪生主要以数字方式创建交通运输场景中各类设施的物理实体,接入交通智能监控与预警系统。同时,通过 5.2 节中的坐标系匹配,以桩号坐标为基础,可以实现桩号与车道及路网的匹配映射,输入包括可变限速标志在内的各种交通设施点位数据,从而形成路网与基础设施整体的数字化结果。基于精准的交通基础设施数字孪生,监控人员可以在交通事件发生时,第一时间发现事件发生地点,并根据相应的应急预案以合适的方式(比如通过可变限速标志改变道路限速值)进行事件的管控及处置。另外,智慧设施基础信息数字孪生的实现,也有助于大桥的日常运维与养护。

智慧设施数字孪生主要包含:毫米波雷达、激光雷达、固定摄像机、遥控摄像机、气象检测器、能见度检测器、可变限速标志、可变信息标志、可变车道控制标志、声光报警器。基于三维建模技术,将长大桥隧桥岛隧数字信息模型导入可视化平台,依据设备安装桩号,在长大桥隧桥岛隧数字信息模型中可视化体现设施点位,同时可通过智慧设施数字孪生实时查看设施监控信息。所有的设施都绑定在二维的数字底座当中,可参考图5.3-2。

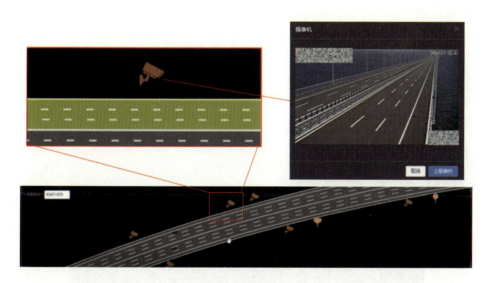

图5.3-2 固定摄像机设施数字孪生图样、设备列表与监控界面

5.3.2 基础信息、交通运行数字孪生

基础信息数字孪生主要包含了长大桥隧实时值班信息、天气信息以及全域事件信息。值班信息包括带班领导、主班、副班,以及代办事项。代办事项信息进一步细化为事件确认类型和风险监控类型。值班人员可在平台值班系统录入值班信息。天气信息通过气象检测器设施获得,包括长大桥隧实时温度、湿度、天气、PM2.5、风向、风力等。图5.3-3以天气为例展示数字孪生效果。

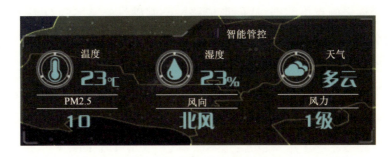

图 5.3-3　天气信息数字孪生界面

交通运行可视化包括实时车辆轨迹可视化与交通事件可视化,交通事件主要包含了交通事故事件、施工事件与其他事件的动态显示。"长大桥隧智慧设施与交通运行数字孪生"主界面显示事件最新情况,包括事件 ID、路段编号、开始时间与状态,同时在单元分别显示事件信息进行中与已完成的数量与比例,点击"更多"可进入事件列表界面。图 5.3-4 展示事件列表与交通事故事件信息上报界面。

图 5.3-4　事件列表与交通事故事件信息上报界面

采集全桥的交通事件或事故后,通过前述的桩号坐标系进行数字孪生,可以快速地映射到对应的数字底图中,对应的三维模型也可以依据对应位置进行映射。具体见图 5.3-5 中的效果,其中红色车辆为发生在应急车道的可能事故或事件,可以准确地映射在二维的数字底图中。

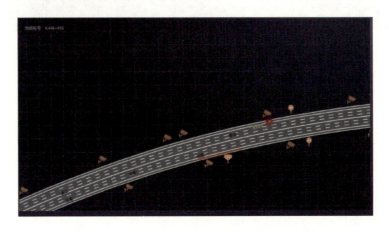

图 5.3-5　事件与事故在孪生平台中的效果

5.4 交通运行状态预测模型

交通运行状态预测模型是一种利用历史和实时交通数据来预测未来道路交通状况的模型。交通运行状态预测模型利用大量历史和实时交通数据,通过数学建模和算法分析,预测未来交通状态。其意义在于优化交通流、减缓拥堵、提高道路使用效率,为交通管理者提供实时决策支持。通过时间序列、机器学习和深度学习等技术,模型能预测未来流量、车速、拥堵等,支持驾驶决策和交通系统优化。交通数字孪生及平行仿真交互逻辑关系如图 5.4-1 所示。

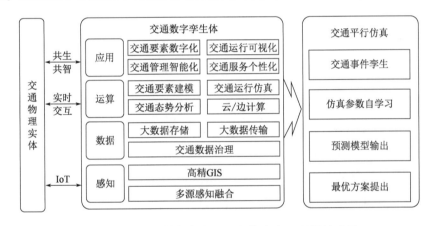

图 5.4-1　交通数字孪生及平行仿真交互逻辑关系图

依托上文中提到的交通数字孪生模型的数据基础,根据问题的性质和数据的特点,选择合适的模型进行交通运行状态预测,以下是相关模型:

时间序列模型:自回归移动平均模型等,适用于具有时序性和季节性的数据。

机器学习模型:决策树、支持向量机、随机森林、梯度提升树等,适用于处理复杂的非线性关系。

深度学习模型:循环神经网络、长短时记忆网络、卷积神经网络等,适用于处理复杂的时序数据和大规模数据集。

使用历史数据对选择的模型进行训练。训练的目标是通过调整模型参数,使其能够更好地拟合历史数据。在这个阶段,可以采用交叉验证等方法来评估模型的性能。

训练好的模型可以用于预测未来的交通状态。根据实时或未来一段时间内的特征值,模型可以输出未来交通流量、车速、拥堵等状态的预测结果。预测结果通常以时间序列的形式呈现,提供了未来一段时间内的交通状态变化趋势。同时,模型的性能需要不断优化。可以通过反馈机制,将实际发生的交通状况数据引入模型,进行实时调整和改进。参数调整、模型结构改进、新数据的引入等都是模型优化的手段。最终,该模型可以被集成到智能交通系统中,为交通管理者、导航系统等提供实时、可靠的交通状态信息。这可能包括交通流预测图、预警系统、智能信号灯控制系统等。通过与其他交通管理组件的互联互通,模型的预测结果可以用于支持实时决策制定和交通流优化。

5.5 平行仿真中台搭建

5.5.1 平行系统技术理论模型

根据平行系统和数字孪生系统以及交通仿真的包含关系,仿真模型的核心模型中的跟驰和换道模型的建立,直接决定了仿真系统的仿真性能,从而影响平行子系统的构建。这两种模型是描述车辆最基本的模型:车辆在一条车道内跟随前方车辆行驶的跟驰行为,和车辆由当前车道变换到相邻车道的行为。

1) 跟驰模型建立

基于交通工程角度的模型中,刺激-反应模型是最基本的跟驰行为建模框架。刺激-反应由三个因素体现,前导车对驾驶人的作用是影响部分,驾驶人的反应作为跟驰车辆的行为,驾驶人的感知能力则作为驾驶人的感知刺激的敏感因素。而对于安全距离模型,则是基于一个假设:驾驶人期望与前导车保持一个安全的车头间距,当前导车突然发生制动时,驾驶人能够及时地做出反应并且减速停车,以免发生碰撞。在心理-生理类模型中,驾驶人是人-车-路系统的核心,这种思路是基于车辆的行为,其实本质上是驾驶人在特定状态下的行为。具体的基本思想是,驾驶人根据其与前导车的距离进行判断,如果其小于安全距离,跟驰车驾驶人就开始减速,从而调整与前车的距离状态,这一过程还需要通过加速、减速再循环这一过程来实现。著名的微观交通软件 VISSIM 的核心的跟驰模型就是这一类型。对于人工智能类模型,则是利用人工智能方法描述难以用精确数学模型表达的驾驶行为的特性。这一类型最早的模型是 Kikuuch 等提出的基于模糊逻辑的跟驰模型,将刺激-反应模型中经典的 GM 模型进行了模糊化,将相对速度 Δv_n,相对距离 Δx_n 和前导车加速度 a_{n-1} 作为模型输入变量,将这些参数分为不同类别,从而确定其加速度。

基于统计物理角度的跟驰模型,是按照统计物理学的观点,物理学家通过跟驰模型中引入的描述实际交通流动基本特性的一些本质因素,建立起的微观跟驰模型。这一类型的模型有优化速度类模型、智能驾驶模型、元胞自动机模型等。

本次的仿真模型采用的核心的跟驰模型为 Gipps 模型,选用的原因为:该理论简单清晰,本书作为基本的交通运行数字孪生系统构建方法的探究,采用这一模型已经满足了基本模型建立的精度要求。这一模型的基本原理表述如下:

该模型中车辆的驾驶行为需要满足两个约束条件:①车速不会超过驾驶人的期望速度;②随着车辆加速,其自由加速度应该先随着速度增加,然后随着车辆接近期望速度而减小到 0,这一过程用以下不等式表示。

$$v_n(t+\tau) \leqslant v_n(t) + 2.5 a_n \tau [1 - v_n(t)/V_n]/[0.025 + v_n(t)/V_n]^{1/2}$$
(5.5-1)

另一个限制条件是制动。条件是,车辆 $n-1$ 在时间 t 进行制动,其后面的车在 $t+\tau$ 时刻才能开始反应,且两者之间的距离不能为负值。在这里车辆 $n-1$ 需要用有效长度 s_n 进行考虑,并且 n 车的反应时间 θ 考虑为一个真实反应时间以及一个安全反应时间。综合这些因素,其不等式表示为:

$$x_{n-1}(t) - \frac{v_{n-1}(t)^2}{2b_{n-1}} - s_{n-1} \geqslant x_n(t) + \frac{[v_n(t) + v_n(t+\tau)]\tau}{2} - v_n(t+\tau)\theta - \frac{v_n(t+\tau)^2}{2b_n}$$
(5.5-2)

其中,车辆 b_{n-1} 通常用 n 车的观测 $\hat{b}$ 来代表,另外用 $\frac{\tau}{2}$ 代表式(5.5-2)中的 θ

公式,综合式(5.5-1)和式(5.5-2)能得到 Gipps 模型。

$$v_n(t+\tau) = \min\{v_n(t) + 2.5a_n\tau[1-v_n(t)/V_n][0.025+v_n(t)/V_n]^{1/2},$$

$$b_n\tau + \sqrt{(b_n^2\tau^2 - b_n\{2[x_{n-1}(t) - s_{n-1} - x_n(t) - v_n(t)\tau - v_{n-1}(t)^2/\hat{b}]\})}$$

(5.5-3)

式中:a_n——驾驶人能够接受的最大加速度;

b_n——驾驶人能够接受的最大减速度;

s_n——车辆的有效尺寸,是车辆的长度增加一个余量,在车辆静止状态下,其他车辆不会进入这个距离中;

V_n——车辆 n 的驾驶人希望行驶的速度;

$x_n(t)$——车辆 n 在 t 时刻的车头位置;

$v_n(t)$——车辆 n 在 t 时刻的速度;

τ——表观反应时间,为所有车辆的常数。

2)换道模型建立

换道行为是指驾驶人从某条车道行驶到另一车道的过程。这一过程包括三个阶段:车辆车道变换意图的产生,车道变换的可行性分析,以及车道变换行为的实施。

研究换道条件,一般从驾驶人换道决策的角度对换道行为进行建模。换道模型分为两类:自动巡航控制模型以及计算机仿真模型。其中,自动巡航控制模型进一步分为防撞模型以及自动化模型。本书主要参考后者,即计算机仿真模型,来进行交通运行数字孪生方法的构建。其中,规则模型是最基本的换道行为建模框架,其解释变量与应变量之间有着清晰的逻辑。Gipps 模型是最早的基于规则的换道模型,其将车道变换的过程概括为具有一系列固定条件的决策树,并且最终输出换道结果(是或否),该模型比较灵活,能够添加或替换不同的换道原因。后续还有很多学者加入对这一模型进行修改优化,如 Hiddas 模型,其将车辆的换道行为分为三个类型,分别为自由换道、协作换道、强迫换道。在自由换道中,换道车辆的换道行为不会被目标车道的前导车和后随车的间隙所影响;在协作换道中,目标车道前导车和后随车的间隙在换道开始前增加,而在换道后减少；在强迫换道中，这一过程与协作换道相反。对于离散选择模型，则以随机效用理论为基础，其基本假设是出行者在选择时追求选择方案"效用"最大化。这一概念与经济学中消费者从消费中获取更多满足的行为类似。针对这一类模型，也有一些学者提出了考虑驾驶人的差异性和状态的不同以及不同换道场景中的不同换道方法的差别，从而进行换道决策。对于人工智能模型，则类似于在跟驰模型中的人工智能模型，人工智能是利用计算机来研究模拟人的思维和智能行为的过程。其中一些模型用模糊逻辑算法、人工神经网络以及博弈论的智能算法来进行建立。还有一些模型，如马尔科夫模型，则是基于马尔科夫链的一种统计模型，其核心思想是随着时间序列变化的一系列变化值，每个状态仅和之前几个有限状态有关。此外，换道模型还包括生理-心理模型等。

本书中所选用的换道模型为 Gipps 模型，选用的原因为：①该方法描述的本质上是一个驾驶人在换车道前需要做出的决定的结构，比较简单清晰，用于本次数字孪生系统构建已经足够表现换道行为。②该方法与本次所选用的 Gipps 跟驰模型在理论上存在承接关系。这一模型的基本原理表述如下：

该模型的基本假设为，假设每个驾驶人都有自己的驾驶表，在给定的时间内安全舒适地驾驶车辆从 X 行驶到 Y 处。当道路上这样的驾驶目的达到一定的数量，并且彼此相冲突时，就会出现换道冲突。该模型将这一比较广泛的问题转换为一系列影响因素，如：换道在物理意义上是否安全、永久障碍物的位置、有无过界车道、驾驶人转弯意图、重型车辆的存在、速度。其中速度的概念与其在跟驰模型中是一致的。Gipps 将这些驾驶行为对这些因素的判断总结成了一个决策树，用于判断车辆行驶中是否发生换道行为。

其中所用到的基本的决策主要有：①车道选择。将车道从路缘石到路中部分为 $1-n$ 号车道，车辆的目标车道为 l_p，当前车道为 l_n。当驾驶人倾向于向道路中部行驶时则 $l_p = l_n + 1$，反之则 $l_p = l_n - 1$。②变道的可行性。目标车道必须是可用车道之一，目标车道中没有物理障碍物，并且同一行驶截面没有其他车辆。③现有车道和目标车道的相对优势。具体内容是，在其行驶的过程中没有因素迫使他进行换道，那么其可以自由地对比当前车道和目标车道的相对优势，从而进行换道。④重型车的影响。驾驶人在应对前方重型车辆时，容易选择更加快速的车道，达到避开慢速车辆影响的目的。

在 Gipps 换道决策树中还有许多其他具体的影响决策的行为,如过界车辆的影响、变道的急迫性、前车的效应和安全的影响,在本次模型的建立中暂时没有进行考虑。

5.5.2 平行仿真中台构建方法

1) 数据准备

对于传统的参数标定,通常使用宏观交通流数据。由于数字孪生系统对数据采集精度的要求较高,而宏观的交通流数据的精度较低,无法达到对物理系统在虚拟空间中精确映射的要求。随着现代数据采集技术的进步以及智能交通体系的发展,应用各种方式获取高精度的轨迹数据甚至实时轨迹数据已经成为可能。这样的车辆轨迹数据指的是记录车辆行驶过程中各个时刻的车辆位置数据。

由于其具有数据精度高、数据类型丰富的特点,能基本达到初步建立数字孪生模型的数据质量要求。美国 NGSIM 数据集就是其中之一,这项数据是由 2004 年美国联邦高速公路管理局(Federal Highway Administration,FHWA)发起的"下一代仿真"(Next Generation Simulation,NGSIM)研究计划。此项目一共包含了 4 组数据集合。不同的道路具有不同路段特征,本次选取的道路对象为 i-80 路段。选择原因有两点:①选择路段为直线路段,汽车的轨迹信息、换道行为和加速减速行为等从数据角度出发更为直观,方便进行研究。②选择对象有 6 条车道,排除其中的入口匝道处车道和多乘员车辆车道(high-occupancy vehicle lane,HOV 车道)暂时不做分析,所选择的道路对象有 4 条车道用于分析,较为充足。路段的具体信息如图 5.5-1 所示。

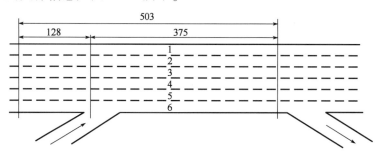

图 5.5-1　监测路段基本道路信息(尺寸单位:m)

这一路段位于加利福尼亚州旧金山爱莫利维尔市,摄像机架设在 30 层的大楼楼顶,采集时间为 2005 年 4 月 13 日下午 4:00—4:45(纽约时间),研究区域为从南到北的路段,主线长 503m,包含 6 条车道,入口匝道与主线汇合位置位于主线 128m 处,加速车道长 94m,匝道总长度为 200m,出入口匝道的间距为 375m。研究区域不包括出口匝道,车道编号为从西向东车道序号升高,其中 1 号车道为 HOV 车道,6 号车道为辅助车道。

本次计算分析选择其中 10min 的车辆轨迹信息,用于构建数字孪生系统的由数据层到建模层的初步探究。NGSIM 车辆轨迹数据类型如表 5.5-1 所示。

NGSIM 车辆轨迹数据类型　　　表 5.5-1

字段	说明	单位
Vehicle ID	车辆编号	—
Frame ID	数据帧号	1/10s
Total Frames	数据总帧号	1/10s
Global time	标准时间	1/100s
Local X	采集区域坐标系的 X 值	ft*
Local Y	采集区域坐标系的 Y 值	ft
Global X	标准地理坐标系的 X 值	ft
Global Y	标准地理坐标系的 Y 值	ft
Vehicle Length	车辆长度	ft
Vehicle Width	车辆宽度	ft
Vehicle Class	车辆类型	2——小型车,3——大型车
Vehicle Velocity	车辆速度	ft/s
Vehicle Acceleration	车辆加速度	ft/s^2
Lane identification	车道编号	—
Preceding Vehicle	跟驰前车编号	—
Following Vehicle	跟驰后车编号	—
Spacing	车头间距	ft
Headway	车头时距	s

注:* 表示 1ft=0.3048m。

2）程序实现框架

本次数据读取的可视化效果使用 python 中的 csv、numpy、cs2、time 库完成。程序实现框架如图 5.5-2 所示。

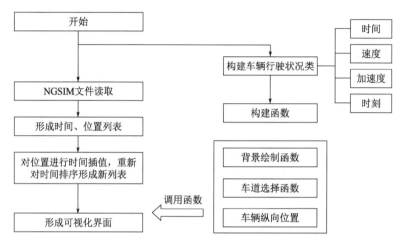

图 5.5-2　程序实现框架

具体过程为：首先，构建一个由时间、速度、加速度、时刻构成的车辆行驶状况的类。构建用于图片绘制的基本函数，这里主要是选用了四车道的公路动画图片作为背景，原因是在 i-80 路面中，除 1 号、6 号车道外，仅有 2～5 号 4 条车道作为研究对象。其次，构建了依据 NGSIM 数据集中 Lane identification 建立车辆选择车道的函数，并根据该数据集中的 Local Y 进行车辆纵向位移的函数构建。而主函数区域主要是将所给 csv 格式的标准 NGSIM 数据进行提取，将需要部分提取成列表，并对其中的位移进行插值，形成可视化界面必要的数据要求。这一过程具体体现为：按照车辆标记号码以及对应的时间，将列表类型对象进行重排但不改变列表自身，将这一列表作为参数传递进车辆运行可视化界面中，在传递进去之后为保证绘图在时间上的连续性，需要对时间进行列表重新排序。其不同位移之间的时间差用时间对应值相减形成延迟效果，从而达到由数据读取成实际运行界面的目的。

CHAPTER 6 | 第 6 章

跨海长大桥隧异常个体交通行为动态辨识预警技术

跨海长大桥隧行车环境特殊,发生特殊交通事件造成的后果严重大于普通道路,且交通异常事件的发生呈现随机性、不确定性、形态多样性和高危性。然而,传统的交通运行监控和管理智能化严重不足,导致许多交通事件不能被"及时发现",从而不能被"及时处理",极易引发二次事故,严重影响交通通行能力、运营效率与交通安全。如何通过自动检测技术尽早发现事件、确认事件的性质并及时采取救援措施,同时为其他交通参与者提供相关信息,是交通运行优化控制的关键。随着信息化创新不断深化,新一轮科技革命方兴未艾,大数据、云计算、人工智能等新兴技术应用正在不断充实智能交通系统的内涵,不断拓展智能交通技术体系的应用范围。随着各种预警感知设施与技术的发展,交通感知手段越来越精细化,风险管控的精细度和时效性越来越不受限制,跨海长大桥隧设施运行水平不断提升,跨海长大桥隧交通异常事件感知及交通运行风险实时动态评估与检测能力日益增强,多通道实时交通事故风险预警与发布得以实现。

6.1 异常个体交通行为辨识与研判技术

6.1.1 异常个体交通行为界定及内涵

1) 异常个体交通行为界定

在交通安全研究领域,交通行为可以有广义和狭义两个层面的概念。其中,广义的交通行为即人的出行行为,包括人为到达目的地所有的行为表现,如交通工具的选择、交通路线的选择、在出行过程中使用的交通工具、道路及附属设施,以及最终到达目的地的所有行为表现;狭义的交通行为即传统意义上的驾驶行为,是人驾驶车辆的操作行为以及车辆在道路上行驶的运行状态表现,包括加减速、转向等,以及所表现出的车辆的正常行驶、跟车行驶、换道、超车、停车等。个体交通运行状态是交通行为的一种表现形式,驾驶人操作车辆行驶于道路上,所采取的踩加速踏板、踩制动踏板、转动转向盘等驾驶操作作用于车辆,车辆所表现出的加减速、换道等状态,即为个体交通运行状态。跨海长大桥隧交通行为界定为狭义的交通行为,包含驾驶人驾驶车辆在跨海长大桥隧上行驶时,所采取的驾驶操作及车辆的行驶状态(个体交通运行状态)。

异常驾驶行为包含驾驶人的异常状态、异常操作以及车辆的异常行驶状态。其中,驾驶人的异常状态表现在因疲劳导致的频发眨眼、长时间闭眼、连续性哈欠,因驾驶分心表现的接打电话、看手机、频繁低头、喝水、抽烟、与乘客聊天,未系安全带、单手离开转向盘、双手离开转向盘等不安全操作,以及车辆运行所表现出的急加速、急减速、速度频繁变化、不按车道行驶、车辆左右摇摆等异常状态。

2) 驾驶人异常状态辨识

驾驶人异常状态的辨识中,相对比较成熟的是对驾驶疲劳的检测,辨识依据是获取的眨眼频率、闭眼时长、打哈欠等行为发生的次数,结合既有疲劳检测模型,判别驾驶人是否处于疲劳状态,包括主观检测法和客观检测法。主观检测法是通过对驾驶人进行人工询问、填写调查表、主观评价等方式获取在不同时间段下驾驶人的心理、驾驶动作以及面部表情等信息,然后对获取的信息进行分析从而得出驾驶人的疲劳状态,主观检测法在实际工程中的可用性不强。客观检测法主要通过外部设备对驾驶人驾驶过程中的相关数据进行采集,再依靠先进的人工智能算法分析评估驾驶人是否处于疲劳驾驶状态。客观检测法不会受到驾驶人主观意识的影响,所以精确度更高,实时性更好。正是由于客观检测法存在诸多优点,现如今已经成为检测驾驶人疲劳状态的主要研究方向。

目前,比较成熟的辨识方法包括四类:一是基于车辆行为特征的检测方法,是一种间接辨识方法,通过车辆所表现出的异常运行状态来判别驾驶人疲劳状态;二是基于驾驶人生理特征的检测方法,借助医疗器械和相关设备来采集驾驶人的心电信号、脑电信号、体表温度等生理指标,依据生理学理论判定驾驶人的疲劳状态;三是基于驾驶人面部特征的检测方法,以摄像头等图像传感器获取的驾驶人面部图像为基础,运用机器视觉中人脸检测、面部特征点定位等算法技术,对驾驶人的脸部变化(如眼睛睁闭、嘴巴张合以及头部姿态等)特征进行提取和分析,从而实现对驾驶人疲劳状态的分析判断;四是多源融合检测,结合前三种检测方法的优点,融合多维度特征,如以机器视觉为主、以驾驶行为为辅进行疲劳检测,这是目前业界人士比较认可的一种方法。

除驾驶疲劳外,国外学者对酒驾、毒驾等异常驾驶状态开展了大量研究,我国学者也有所探讨,但这些行为主要依据法律规避,因而实际辨识需求不高。

此外,近年来我国因驾驶人异常情绪等造成的交通事故也频有发生,如贵州安顺"7.7"公交车坠湖、重庆"10.28"公交车坠江等,造成了重大人员伤亡,引起了广泛社会影响。除通过驾驶能力适应性评估,做好岗前职业驾驶人选取外,如果能够通过某些辨识手段,实时辨识驾驶人的这些异常状态,并做到预警,也将极大地保障交通安全。为此,科技部"十四五"国家重点研发计划立项开展"营运车船驾驶人员适岗状态智能监测预警技术及示范"研究工作,以期能够研发出除驾驶疲劳外的其他异常驾驶状态的辨识方法和技术。

3) 驾驶人异常操作行为辨识

驾驶人打电话、看手机、频繁低头、喝水、抽烟、未系安全带、单手离开转向盘、双手离开转向盘的等异常操作行为,其实是驾驶分心的一种表现形式。针对驾驶分心,国内外已开展了大量研究工作。国外学者认为,驾驶分心可被视为驾驶不专注的一种形式,主要表现为驾驶人将注意力从安全驾驶的关键活动转移到与驾驶任务有竞争关系的活动上,这就可能导致安全驾驶的关键活动得不到充分关注。美国国家公路交通安全管理局按照分心的形式将驾驶分心分为视觉分心、认知分心和操作分心3种,也有学者将驾驶分心分为认知分心(走神)、视觉分心(驾驶人视线离开前方道路)、听觉分心(交谈、听歌)以及动作分心(手离开转向盘)4种基本类型。但达成共识的是,分心形式往往不会单独存在,因为分心是一个驾驶人、车辆、道路环境复杂交互下的产物,形式不固定,发生也比较随机,因此单独研究某种类型的分心意义不大。比如发短信,就包含视觉、认知及动作分心3种分心类型。

在驾驶分心识别的相关研究中,可按照所采用特征的不同分为基于车辆特征和基于驾驶人特征两种类型。前者不直接针对驾驶人,而是间接通过驾驶人操控车辆时的绩效表现来识别分心。往往通过采用车辆运行车速、加速度、车辆横向位移等基础数据,通过眼动仪、生理仪等设备同步采集驾驶人眼动、头动及心电数据,通过构建识别模型来识别和评估驾驶分心。近年来,大量学者利用美国交通研究委员会所提供的自然驾驶行为数据开展了这方面的系统研究工作,构建了很多有效的驾驶分心辨识模型。但这种识别驾驶分心的方法存在两个方面的不足:其一,仅能区分一种驾驶分心行为与正常驾驶。由于驾驶人不同的驾驶分心行为对行车安全会产生不同程度的影响,设计能够区分多种分心行为的驾驶分心识别模型可为建立具有不同预警等级的驾驶分心预警系统提供基础。其二,所依赖设备(如眼动仪、生理仪)较为昂贵、侵入性强,不易在实车条件下应用。随着机器视觉技术和深度学习理论的发展,为了有效解决以上问题,越来越多的学者开始利用驾驶人图像来识别驾驶分心行为。这种方法,仅需在车内安装摄像头,易于实现,为此,一系列图像识别、深度学习算法被开发出来,用于识别驾驶人的异常操作。

4) 异常个体交通运行状态辨识

交通信息采集技术是帮助道路管理者采集交通流运行状态数据,更好地了解公路运行状态的重要手段。其研究已经开展多年,时至今日,已有多种交通信息采集技术在实际中应用。通过这些技术采集到的交通信息主要包括各车道的车流量、车道占有率,车速、车型、车头时距等。

最先开始发展的是接触式的交通信息采集技术,其主要代表是压电、压力管探测、环形线圈探测和磁力式探测。这些采集装置都有共同特点,就是埋藏在路面之下,当汽车经过采集装置上方时会引起相应的压力、电场或磁场的变化,最后采集装置将这些力和场的变化转换为所需要的交通信息,但由于埋在路面之下,一旦损坏,维修困难。经过多年发展,路面接触式的交通信息采集技术得到应用,其测量精度高,易于掌握,但其也有着不可避免的缺点,即安装维护困难,必须中断交通、破坏路面;且随着车辆增多,车辆对道路的压力导致这类装置的使用寿命也越来越短。最新发展起来的路面非接触式交通信息采集装置不存在安装维护困难、使用寿命短等缺点,主要分为波频探测和视频探测两大类。波频探测又可分为微波、超声波和红外三种,其中除了超声波探测只能进行单车道交通信息采集外,其余都可同时进行多车道交通信息采集。由于安装维护简单,路面非接触式交通信息采集技术发展非常迅速。视频探测是利用车辆进入检测区域导致背景灰度变化的原理来进行检测,直观可靠,但受光度、气候条件的影响很大。而波频探测则是利用车辆经过检测区域时引起的电磁波的返回时间或频率的变化进行检测。其中,红外检测对车型分辨清晰,但受天气的影响很大,而超声检测对于车速和车型的判定准确,但受安装条件限制只能顶部正向安装,只能采集一个车道的信息。微波检测有着安装维护方便、使用寿命长、受气候条件影响小、能同时进行多个车道检测等优点。

个体交通运行状态属于交通流运行状态中的一个个例,针对个体异常交通运行状态的监测和辨识,均可利用传统交通流监测所获取的车辆运行数据,再结合一定的算法模型进行识别。国内外学者对交通状态判别方法进行了广泛的研究,提出了多种判别方法和技术,为有效的交通状态判别奠定了理论基础。这些方法大致分为基于交通流理论及模型驱动判别和基于数据驱动人工智能的判别方法。早期的大量研究提出了基于交通流理论和模型驱动的交通状态识别方法,如基于随机宏观交通流模型和扩展卡尔曼滤波的自适应估计方法,混合跨越算法,基于专家知识的道路通行能力异常条件下道路交通异常状态识别方法,基于灰色聚类和多种群 Fisher 变化分析的交通状态判别模型,以及自适应平滑算法等。随着机器学习技术的发展,监督学习和非监督学习方法逐渐被应用于交通状态判别。根据对先验知识和数据的依赖程度可将其分为模型驱动、数据驱动以及流数据驱动三种,且研究热点集中于机器学习和深度学习领域。此外,在我国,近年来随着手机导航系统的发展和应用,百度、高德等公司也已在基于GPS 数据,利用大数据技术,进行异常交通行为状态辨识和预警方面取得了较大的进展,并应用于实际导航系统中。

综上,驾驶人的异常状态、异常操作以及车辆的异常行驶状态的辨识方法不同,其实现技术手段也不尽相同,但均已有较为成熟的理论基础和技术方法。同时,不同异常状态的辨识又是密不可分的,辨识所依据的手段也异曲同工,主要是两种途径:一为通过专业设备或摄像头捕捉驾驶人眼部、脸部、手部动作,结合机器学习算法进行判断;二是通过间接的车在路上的交通运行状态,基于一定的算法进行辨识。

6.1.2 异常交通行为辨识方法

1)基于雷视一体的跨海长大桥隧异常交通行为辨识

鉴于跨海长大桥隧所具备的通道唯一性特点,利用沿线安装的毫米波雷达实时采集全域车辆交通运行数据;利用穿梭巴士安装的车载终端采集驾驶人状态及操作行为数据。跨海长大桥隧异常交通行为辨识基于车载终端和雷达、视频获取异常交通行为数据,结合既有算法实现。

辨识的异常驾驶操作行为包括疲劳、分心,采用的设备为自主研发的非接触驾驶行为采集设备;辨识的异常个体交通运行状态包括冲卡、违法停车、交通事故、倒车、超速。其中,车辆冲卡行为以检查站和收费站视频数据进行判别;倒车、超速以实时雷达数据,通过车辆行驶速度异常值持续时长来进行判别;车辆事故、违法停车以实时雷达数据进行识别,结合监控视频进行判定。

2)基于车载终端的驾驶行为辨识

通过车载终端非接触式视觉传感器,实时获取营运驾驶人状态反应和车辆操作运行数据,嵌入异常驾驶行为辨识模型,实时计算个体交通运行状态。实现驾驶人动作、车辆运动状态、道路行车条件等参数的实时监测,主要包含车辆状态监测、车辆位置跟踪、驾驶人监测三大功能。融合异常个体交通运行状态判别算法、异常交通行为与行驶轨迹分类分级预警与干预技术,判断车辆的异常运行状态,并通过声音提示实现预警干预,同步上传数据至云端,通过云端实施更高权限干预预警。

车辆运行状态包括:车辆行驶速度、横向加速度、纵向加速度、竖向加速度。

定位包括:车辆的绝对位置、相对于道路的纵向位置、横向位置。

驾驶行为包括:疲劳检测(眨眼、闭眼、打哈欠)、打电话、看手机、频繁低头、喝水、抽烟、未系安全带等。

通信包括:监测信息上传云端、预警信息下发车端、监控人员与驾驶人语音通话。

预警包括:道路信息发布、道路风险提示、驾驶人异常行为提醒、驾驶人自身风险提示、车辆异常状态提示。

6.1.3 异常交通事件研判技术

异常交通事件感知的基本原理一般来说并不是直接检测异常交通事件本身,而是发现异常事件所带来的交通流特征的变化,如车辆速度、轨迹等的变化情况,车辆占有率、流量等参数上的突变,若变化程度超过了预先设置的交通异常极限值,则判定为异常交通事件发生。相关异常事件研判算法主要首先在高速公路或者其他主体道路上进行运用,随后逐步运用到跨海长大桥隧设施上。

最早开发并投入使用的是加利福尼亚算法,这种算法以判别异常交通事件为主要功能,最初用于洛杉矶公路管理控制中心。加利福尼亚算法通过比较邻近检测站之间的交通参数数据,主要是比较环形线圈检测器获得的占有率数据,对可能存在的异常交通事件进行研判。

得克萨斯州交通协会在1970—1975年期间开发了以判别异常事件为主要功能的SND(Standard Normal Deviation,标准偏差)算法,用于休斯敦海湾公路(I-45)的交通监视和控制中心。异常交通事件的判别通过判断交通参数的变化率是否大于指定的阈值来实现。标准偏差值可通过简单的统计分析得到,即用当前交通参数值减去平均值,再除以标准偏差得到。如果连续两个采样周期内的SND值都大于预定的阈值,则认定发生了异常交通事件。

除了上述两种典型的算法外,传统的间接异常交通事件感知方法中的代表性算法主要包括麦克马斯特算法、人工神经网络算法、小波分析算法等。传统的异常交通事件研判算法均得到了良好的应用,展现出了各自的优点,但应用过程中也显露出一些缺陷。比如,最经典的加利福尼亚算法只考虑了平均占有率,并未考虑流量、速度等相关的数据;标准偏差算法的性能则受传感器间距的影响较大等。

随着研究的不断深入,一些新的、行之有效的、性能上要优于常规基本算法的异常交通事件研判方法被提出。其中,基于人工神经网络的算法研究最为丰富,其他被研究较多的还有基于视频感知技术的方法、基于小波变换的算法、基于SVM(Support Vector Machine,支持向量机)的算法和基于多源信息融合的方法。新的算法是以组合算法的形式出现,性能优于单一算法,具有较好的应用前景。

6.2 异常个体交通行为分类分级预警技术

6.2.1 跨海长大桥隧异常交通行为分析

1)数据来源

为了更好地分析异常驾驶行为,需要实时监测采集个体车辆交通行为数据，主要采用港珠澳大桥青州航道桥毫米波雷达车辆监测数据进行分析。毫米波雷达具有波长短、频带宽（频率范围大）、穿透能力强等特点，具有以下优势：

（1）穿透能力强，不受天气影响。大气对雷达波段的传播具有衰减作用，毫米波雷达无论在洁净空气中还是在雨雾、烟尘、污染中的衰减都弱于红外线、微波等，具有更强的穿透能力。毫米波雷达波束窄、频带宽、分辨率高，在大气窗口频段不受白天和黑夜的影响，具有全天候的特点。

（2）体积小巧紧凑，识别精度较高。毫米波波长短、天线口径小、元器件尺寸小，这使得毫米波雷达系统体积小、重量轻，容易安装在汽车上。对于相同的物体，毫米波雷达的截面积大、灵敏度较高，可探测和定位小目标。

（3）可实现远距离感知与探测。毫米波雷达分为远距离雷达和近距离雷达，由于毫米波在大气中衰减小，所以可以探测感知到更远的距离，其中远距离雷达可以实现超过200m的感知与探测。

港珠澳大桥路侧毫米波雷达采集数据信息示意如图6.2-1所示。

1.62E+12	1E+08		1	1.62E+12	1.62E+12	108	0	1.62E+12	2808.58	-25	26.5	0	0	-8.28
1.62E+12	1E+08		1	1.62E+12	1.62E+12	108	1	1.62E+12	2811.32	-25	26.25	0	0	-8.72
1.62E+12	1E+08		1	1.62E+12	1.62E+12	108	2	1.62E+12	2813.86	-25	26.25	0	0	-9.17
1.62E+12	1E+08		1	1.62E+12	1.62E+12	108	3	1.62E+12	2816.47	-25	26.25	0	0	-8.43
1.62E+12	1E+08		1	1.62E+12	1.62E+12	108	4	1.62E+12	2819.03	-25	26.25	0	0	-9.57
1.62E+12	1E+08		1	1.62E+12	1.62E+12	108	5	1.62E+12	2821.55	-25	26.25	0	0	-9.28
1.62E+12	1E+08		1	1.62E+12	1.62E+12	108	6	1.62E+12	2824.1	-25	26.25	0	0	-9.37
1.62E+12	1E+08		1	1.62E+12	1.62E+12	108	7	1.62E+12	2826.73	-25	26.25	0	0	-9.1
1.62E+12	1E+08		1	1.62E+12	1.62E+12	108	8	1.62E+12	2829.29	-25	26.25	1	0	-11.2
1.62E+12	1E+08		1	1.62E+12	1.62E+12	108	9	1.62E+12	2831.81	-25	26.25	1	0	-11.4
1.62E+12	1E+08		1	1.62E+12	1.62E+12	108	10	1.62E+12	2834.34	-25	26.25	1	0	-11.11
1.62E+12	1E+08		1	1.62E+12	1.62E+12	108	11	1.62E+12	2837	-25	26.25	1	0	-10.44
1.62E+12	1E+08		1	1.62E+12	1.62E+12	108	12	1.62E+12	2839.63	-25	26.25	1	0	-9.35
1.62E+12	1E+08		1	1.62E+12	1.62E+12	108	13	1.62E+12	2842.28	-25	26.25	1	0	-9.04
1.62E+12	1E+08		1	1.62E+12	1.62E+12	108	14	1.62E+12	2844.8	-25	26.25	1.5	0	-10.56
1.62E+12	1E+08		1	1.62E+12	1.62E+12	108	15	1.62E+12	2847.33	-25	26.25	1.5	0	-10.07
1.62E+12	1E+08		1	1.62E+12	1.62E+12	108	16	1.62E+12	2820.11	-15	26.25	1.5	0	-10.06
1.62E+12	1E+08		1	1.62E+12	1.62E+12	108	17	1.62E+12	2822.79	-15	26.25	1.5	0	-9.42
1.62E+12	1E+08		1	1.62E+12	1.62E+12	108	18	1.62E+12	2825.32	-15	26.25	1.5	0	-9.46
1.62E+12	1E+08		1	1.62E+12	1.62E+12	108	19	1.62E+12	2828.05	-15	26.25	1.5	0	-8.69
1.62E+12	1E+08		1	1.62E+12	1.62E+12	108	20	1.62E+12	2830.68	-15	26.25	1.5	0	-8.69

图6.2-1　毫米波雷达原始数据格式

从毫米波雷达中可以获得的原始数据包括（从图6.2-1左数第一列至最右）：车辆ID、雷达ID、车牌号、车辆类型、进出雷达时间、车辆采集到的轨迹点的总数、轨迹点的序号、时间戳、从第一个雷达开始沿着桩号方向进行距离累积（*X*方向）、车辆所在车道（*Y*方向）、*X*方向速度、*Y*方向速度以及异常状态代码输出。

根据毫米波雷达的数据分析每辆车的速度、位置偏移、速度方差、加速度，如图6.2-2～图6.2-4所示。

进一步对车辆运行轨迹特性进行分析，辨识出的超速、急减速、急加速等异常交通行为如图6.2-5～图6.2-7所示。

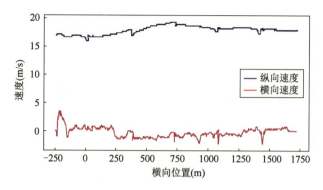

图 6.2-2 车辆横向、纵向速度

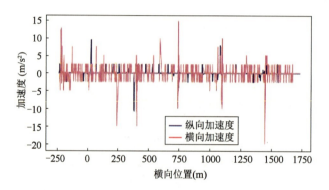

图 6.2-3 车辆横向、纵向加速度

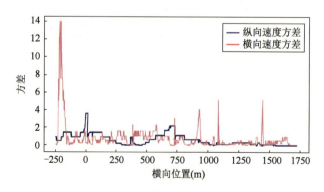

图 6.2-4 车辆横向、纵向速度方差

注：速度 MSE 为 0.778284900174755，横向速度 MSE 为 0.8757493235365511。

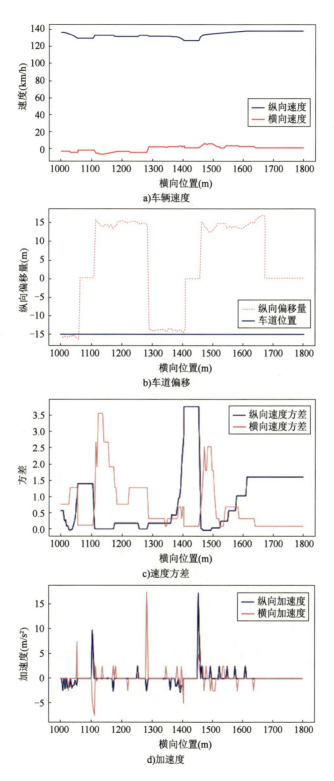

图 6.2-5 超速行驶

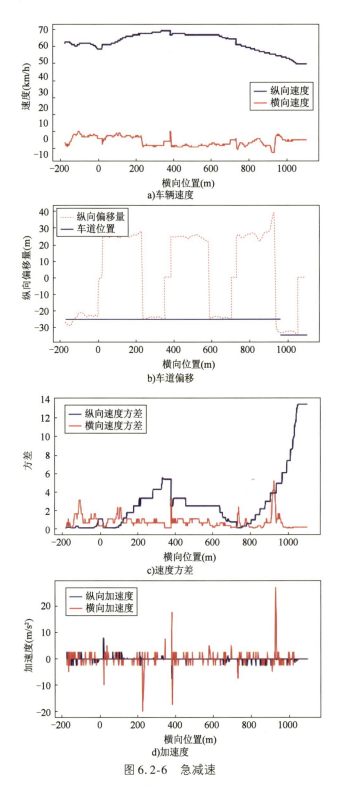

图 6.2-6 急减速

注：纵向速度 MSE 为 1.699497052625851，横向速度 MSE 为 0.7903238005128815。

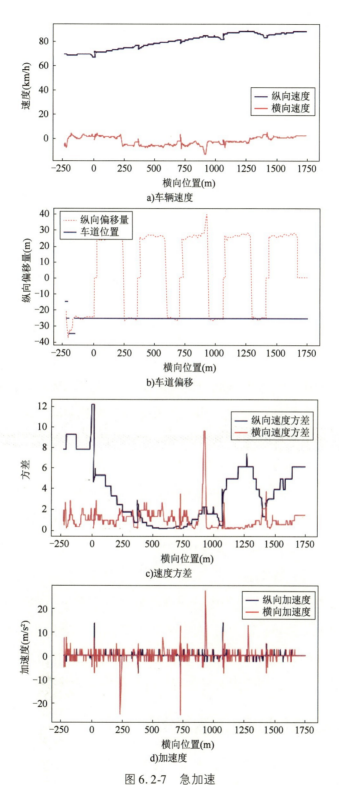

图 6.2-7 急加速

注:行驶方向速度 MSE 为 1.8901470169157628,横向速度 MSE 为 0.9488776264619163。

综合上述数据分析可以看出，车辆正常行驶过程中的速度、加速度是不断波动的，加速度波动的范围一般为$[-2.5 \mathrm{m/s^2}, 2.5 \mathrm{m/s^2}]$，速度则在90km/h(25m/s)左右波动。反映出的异常交通行为主要有以下特征：

超速行驶：加速度变化同正常行驶情况下的加速度变化无明显差别，而速度则由正常速度缓慢加速。港珠澳大桥限速为100km/h，即27.78m/s，超速车辆速度大多在30～40m/s之间波动，且一直持续高速行驶。

急加速、急减速：车辆发生急加速、急减速时，其加速度瞬间从正常值变化到$10 \mathrm{m/s^2}$或者$-10 \mathrm{m/s^2}$。

低速行驶：车辆在低速行驶时存在一个由正常速度减速至最低限速以下的过程，或者进入高速公路就采用低速行驶。在低速行驶过程中，车速低于路段最低限速60km/h(16.66m/s)，而加速度变化同正常行驶过程无明显区别。

紧急停车：车辆存在一个快速的制动过程，由20m/s减速为0大约在25s内完成；减速度变化剧烈。车辆发生紧急停车行为包含两个过程：一是紧急制动，二是停车。车辆从100km/h减速为0大约在8s内完成；减速度变化剧烈，从加速度$8 \mathrm{m/s^2}$直接降至$-8 \mathrm{m/s^2}$，然后逐渐减小。发生紧急制动、紧急停车行为时车辆的减速度大于正常行驶过程中驾驶人一般采用的减速度，会使驾驶人产生不舒适的感觉。

倒车：车辆先减速为0然后反向加速行驶，车辆在倒车逆行过程中的速度为负值，此时对应的加速度负值表示车辆在逆向加速，而正值表示该车辆在减速，在倒车逆行过程中车辆的加速度变化不大。

综合分析上述异常交通行为，车辆只有在发生紧急制动行为时加速度才存在剧烈变化现象，临时停车过程中减速度的最大值略大于正常行驶过程中的波动值。发生以上几种异常行为时，车辆的速度都存在一个变化过程且最终值的大小或正负存在明显差异。因此，可以根据速度值、正负情况以及速度变化过程中的加减速度变化的剧烈程度对异常行为进行分类检测。

6.2.2 异常交通行为短临预警与分级

针对相同的异常行为，按照其严重程度分为不同的级别，数值越高代表的危险程度越高，具体的预警分级情况如下：

1) 超速风险分级

超速行为的判定指标采用车辆行驶速度,当行驶速度和预测速度均超过当前路段的限速值,且没有下降趋势时,按表 6.2-1 判定其风险等级。根据超速值大小进行三级风险分级,超速行为风险分级阈值如表 6.2-1 所示,具体如下:

三级风险:检测到超速车辆在 t 时刻的速度超过该点限速值 50% 及以上。

二级风险:检测到超速车辆在 t 时刻的速度超过该点限速值 20% 及以上,50% 以下。

一级风险:检测到超速车辆在 t 时刻的速度超过该点限速值,但在 20% 以下。

超速行为风险分级阈值　　　　表 6.2-1

风险等级	三级风险	二级风险	一级风险
控制指标	速度超过该点限速值 50% 及以上	速度超过该点限速值 20% 及以上,50% 以下	速度超过该点限速值,但在 20% 以下

2) 倒车风险

由于在高速公路上倒车逆行是高危行为,倒车行为的判定指标宜采用车辆行驶速度,当行驶速度减小至 0 并向反方向行驶,宜判定为高风险。针对这一异常驾驶行为,预警方式采取直接级预警,一旦检测到车辆发生倒车逆行行为,立刻对事件车辆以及下游受到影响的车辆发出预警提示。

3) 停车风险分级

高速公路上车辆发生停车,需要经历减速行驶、低速行驶、停驶三个过程。违法停车行为的判定指标宜采用车辆行驶速度。当行驶速度为 0 且预测速度也为 0 时,当前车辆状态为停车。按照事件发生的先后顺序可以作如下分类:

低速行驶异常:检测到车辆行驶速度低于 60km/h,发出低速行驶预警。

临时停车异常:检测到车辆行驶速度为 0,则判定发生停车行为,发出临时停车异常预警。

停车异常:检测到车辆行驶速度为 0 且持续时间超过 30s,则判断发生停车行为,给出停车异常预警。

按照事件的严重程度,将停车过程涉及的异常行为进行风险分级:

停车行为——三级风险；

临时停车——二级风险；

低速行驶——一级风险。

6.2.3 基于异常交通行为的运行风险预警策略

风险预警通常包括三类：指数预警、统计预警、模型预警。指数预警通过构建合成和扩散指数来达到对预警对象进行监测预警的目的。这种方法不仅可以独立作为预警系统使用，而且还可以为统计和模型预警系统提供变量选择基础。统计预警是对警兆与警情的关系进行统计处理，然后根据警兆的警级预测警情的警度。该方法在企业预警中使用较多，其使用变量少，数据收集容易，操作比较简便。模型预警是通过建立数学模型来评价监测对象所处的状态，因而在监测点比较多、比较复杂时广泛用到，又可以分为线性和非线性模型。该方法对于定量地研究带有不确定性因素的大系统非常有效。以上常用的预警方法均存在一些问题，如模型预警惯于采用直线外推、指数平滑、回归分析、移动平均、灰色预测等线性模型预警阈值确定方式，不具备时变特性，缺少自适应单一静态预警等。考虑到不同预警方法使用时都有局限性，针对基于异常驾驶性的运行风险预警，运用系统化的思想，通过定性与定量相结合、短期与长期相结合来提高预警可靠度。

针对建立的包含异常交通行为的运行风险进行状态，提出不同的预警策略。预警的对象主要包括路段内的事件车和受影响车。预警策略按实施的时间维度分为远期和近期两大类。

远期：考虑车路协同技术，针对车端的不同高风险行为进行实时智能引导管控，主要的预测策略包括限速引导、换道提示、匝道控制、横向及纵向距离保持等。

近期：在监控中心通过平台对路侧设施（包括可变限速系统、可变信息发布系统、LTE 路侧设备、匝道控制系统）进行调度，从车道级限速、车道控制、匝道控制等角度，进行短时交通运行风险管控。对于干预内容，根据风险等级，发布车道级可变限速、禁止变道、单向变道、自由变道、匝道关闭等干预信息，为降低交通运行风险提供技术支持。

基于异常交通行为风险的预警流程为：首先根据异常交通行为的运行风险指标，根据车辆运行的速度、加速度现状数据，对车辆的异常交通行为进行识别检测；如果发生异常交通行为，判断其危险等级，叠加该路段环境的基础设施、运行状态和环境数据，综合判定风险情况，对该事件车提出警示；计算其影响范围，对范围内受影响车提出警示；如果事件达到一定级别，对管理中心提出预警，请求救援。

结合异常交通行为的风险等级对车辆进行分级预警，预警方式可以采用语音提示和指示灯提示。根据指示灯的颜色来区分事件的严重程度，并采用语音辅助提示预警信息，在显示器上显示异常行为及风险等级或者提示应该采取的措施。预警分级如下：

（1）一级预警。指示灯闪烁绿色；声音提示采用音量小、频率低的蜂鸣预警声；显示屏上显示异常行为种类、级别及应采取的正确措施，如发生超速且风险等级为一级，在显示屏上可显示"速度偏高，请注意车速"。

（2）二级预警。指示灯闪烁黄色；声音提示采用音量中等、频率中等的蜂鸣预警声；显示屏显示预警信息，如发生超速且风险等级为二级，在显示屏上显示"超速，请控制车速"。

（3）三级预警。指示灯闪烁红色；声音提示采用音量大、频率高的蜂鸣预警声；显示屏显示预警信息，如发生超速且风险等级为三级，在显示屏上显示"严重超速，请注意安全驾驶"。

周期性、特殊情景下的预警信息：

（1）不良天气尤其是雨雪天气、大风天气下，车速越高，交通安全风险越大。因此，不良天气下，当预测到超速事件高发时段时，应做好启动应急救援预案的准备，并及时通过广播、短信、可变信息标志、新闻插播等方式提醒出行者不良天气下减速慢行。

（2）根据长期积累数据情况，分析超速等异常交通行为多发原因，明确异常多发地点，结合风险分析情况采取相应的措施，并视情况增设超速抓拍等设备。

预警次数过多会影响驾驶人的正常操作，也起不到预警效果，以下情况不宜进行预警：

（1）高速公路出入口的低速行驶。在高速公路出入口车辆需要进行缴费操作,因此在出入口一定范围内车辆的速度比较低,在这种情况下车辆因异常行为引发交通事故的可能性较低,一般情况下不需要对车辆进行预警。

(2)驾驶人根据前车的紧急制动。当前车发生异常行为对后车提出预警后,如果根据车辆检测的加速度值判断该车已经开始减速,表明该车驾驶人已经发现前车的异常驾驶行为,还采取了相应的避险措施,因此不需要再对该车驾驶人进行预警,以驾驶人的当前意图为准,避免预警信息对驾驶人造成不必要的干扰。

(3)超车时发生的超速行为。在高速公路上超车是时常发生的,车辆在执行超车行为时,其速度值往往比较高,可能大于车道限速值,若按照超速行为判断,则需要进行超速预警。但是车辆在执行超车行为时,驾驶人的注意力往往都比较集中,发生交通事故的概率较小,且超速时间较短,所以有必要区分超车和超速预警。后期可以结合车辆检测器,检测车辆转向灯情况,如果车辆打了转向灯,说明该车将要执行超车行为,此时若超速,则不需要进行预警。

CHAPTER 7 | 第 7 章

维养作业区交通安全风险监测与管控技术

经济的增长带动了交通需求的不断增长,大规模公路网持续运行,高速公路使用频率增加必然导致其病害增多。我国高速公路每年路面大中修和改扩建的总里程约 1.2 万 km,养护费用达 263 亿元,高速公路养护施工正成为我国公路发展的新主题,维养作业区呈井喷式增加,由此引发的维养作业区交通组织和安全保障方面的问题已引起广泛关注:一是公路作业区通常需要占用部分行车道,采取边通车边施工的方式。这种情况下,经过作业区域的社会车辆不可避免地会对施工人员、施工机械产生影响,导致作业区附近路段存在严重安全隐患。一种典型的情形是社会车辆闯入作业区域,给施工人员、施工车辆造成碰撞伤害。二是由于临时道路施工,事故和交通管制等交通状况信息无法及时采集和发布,造成路面作业管理效率和公众信息服务水平降低,进而也影响了施工作业效率和交通运行效率。港珠澳大桥因其设施的特殊性,一方面维养作业更多、更复杂;另一方面,若发生维养作业安全事故,其后果也更为严重,影响也更为重大,处置也更为困难。因此,需在分析维养作业区交通安全风险的基础上,研究监测与管控技术,提高对作业区交通安全风险因素的掌握和处置能力,提高事前预防管控水平,实现作业区交通安全风险可测、可控、可防,掌握管理的主动权。

7.1 维养作业区交通运行特点与布局要求

7.1.1 维养作业区交通运行特点

高速公路施工区是为适应交通发展需求对其进行养护或建设从而必须减少车道或影响交通流运行特性的路段,包括从首个施工警告标志到结束标志之间的区域。施工区分为长期施工区和短期施工区,两者的主要区别除了施工时间不同以外,隔离障碍物的属性也有所不同:长期施工区采用便携的水泥障碍物;短期施工区采用标准的分流/渠化设施(例如锥形交通路标)。长期施工区将会持续数周或者几个月,如大型改扩建项目;短期施工区一般持续几个小时,如养护流动作业。高速公路施工区会占用道路资源、减少车道,致使车流在上游路段合流,施工区内及附近前后路段车辆减速慢行,而后再通过施工区后分流,所以施工区会造成高速公路道路通行能力降低并产生瓶颈现象,引起非常发性交通拥堵和交通延误。根据美国联邦公路管理局（FHWA）统计，施工区导致的交通拥挤，一般可占拥挤总量的24%。在美国夏季交通量最高的两周内，公路施工区造成的交通延误每天平均可达 6×10^6 veh/h。由此可见，高速公路施工区对道路通行能力和交通运行状况的影响十分明显。

高速公路维养作业区的事故发生率呈逐年上升的趋势，维养作业区死亡事故由原来的1.5%上升至5%~7%。公安部《道路交通事故统计年报》数据显示：作业区每年死亡1000人左右。道路施工建设的工人死亡率是其他种类施工作业死亡率的2倍。道路施工期间发生的事故率为非施工期间的2.7倍，事故经济损失为3.81倍，严重程度为1.54倍，由此引发的作业区交通安全问题已引起广泛关注。

7.1.2 维养作业控制区划分

《公路养护安全作业规程》（JTG H30—2015）（简称《规程》）给出了52种典型养护作业的控制区布置图，囊括了高速公路及一级公路、二级公路、三级公路、特大桥桥面和隧道、平面交叉口、收费广场等的养护作业控制区布置图，具有较高的工程指导意义，图7.1-1为《规程》中养护作业控制区布置图的典型示例。

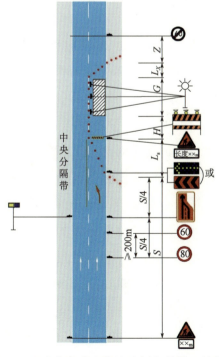

图7.1-1 不改变车流方向的外侧车道封闭养护作业

7.2 维养作业区交通运行风险因素及基本控制策略

7.2.1 维养作业区交通安全风险分析

作为高速公路交通系统中事故的易发区域,高速公路作业区交通事故的发生是人、车、路及环境要素严重冲突的结果,是多因素联合效应的产物,各因素对作业区行车安全的影响程度不同,并且因素间的关系错综复杂。要改善作业区交通环境,降低作业区的行车风险,须对作业区行车风险因素及其主要特征进行系统辨识与分析,从人车路及环境系统角度寻找作业区行车风险因素,以更好地对作业区进行风险管理。由于作业区行车风险因素较多,若考虑所有行车风险因素和事故诱因,将使问题复杂化。因此,须找出关键因素,简化问题。

国内外学者和工程技术人员对构建高速公路作业区行车风险因素指标体系进行了一定的研究工作。国外学者在总结作业区交通事故统计数据的基础上,分析了作业区交通安全影响因素,如国外学者对养护施工时间长短不同的作业区进行了对比分析,养护施工时间较长的作业区事故率增加88%,养护施工时间较短的作业区,事故率与作业区长度和养护施工时间有关;通过研究交通事故统计数据,证明跟驰行驶、注意力不集中、判断错误等驾驶人因素增加作业区行车风险;有学者在综合考虑养护施工项目成本、平均日交通量、作业区长度、养护施工时间、施工类型等影响因素的基础上,利用负二项分布建立了高速公路作业区行车安全预测模型,表明交通量大小、工作集中度和施工类型对作业区行车安全的影响更为明显;运用负二项分布模型分析了加利福尼亚州高速公路作业区的事故率,证明养护施工时间和作业区长度对事故率有很大影响;另一些研究应用多元条件 Logistic 回归模型分析了佛罗里达州高速公路作业区事故,表明道路几何线形、天气条件、驾驶人年龄、驾驶人性别、光线条件和酗酒或药物是重要的风险因素;一项基于事故统计数据建立的影响养护施工作业区交通安全严重程度的风险因素指标见表 7.2-1。

养护施工作业区交通安全风险因素　　　　表 7.2-1

序号	风险因素	类别	序号	类别	风险因素
1	驾驶人年龄	驾驶人	10	交通控制	旗手
2	照明条件	环境	11	交通控制	标志、标线
3	车辆类别	事故车辆信息	12	驾驶人	驾驶人疏忽大意
4	道路等级	道路	13	驾驶人	跟车太紧
5	道路线形	道路	14	时间	事故时间
6	车道数量	道路	15	道路	桥隧特殊结构物
7	限制速度	道路	16	道路	作业区位置
8	路面类型	道路	17	驾驶人	酗酒或药物
9	无交通管制	交通控制	18	驾驶人	超速

7.2.2 维养作业区的速度因素

由于维养作业区的出现,运行的连续车流受到阻挡和干扰,必然引起车头时距变小、车速的离散性变大、车辆相互干扰增多等现象,从而引起交通流的不稳定,影响其安全性;同时维养作业区域道路变窄,通行能力下降,在警告区末端引起交通拥堵甚至较长排队。各控制区交通特征分析如下:

车辆在进入警告区后由于降速及换道等行为引起车辆之间车头时距及相对速度的波动,车流运行平稳性及安全性降低,但在警告区大部分路段,车辆降速幅度不是很大,停车制动行为很少,车辆之间交通冲突行为亦较少,此部分区域可选取采用车头时距及相对速度等作为参数的等效最小安全距离(MSDE)指标来表征车流运行安全性。MSDE 计算公式如下:

$$\text{MSDE} = 2.37(V_L \times h - V_F \times \text{PRT}) + 2.59 \left[\frac{V_L^2 - V_F^2}{30(f \pm g)} \right] \quad (7.2\text{-}1)$$

式中:V_L——前车车速(km/h);

V_F——后车车速(km/h);

h——车头时距(s);

PRT——后车感知和反应的时间(s);

f——路面摩擦力系数;

g——道路纵坡。

MSDE 代表了跟车过程中前后车辆之间的等效最小安全距离。当 MSDE > 0 时,代表两车之间保持着安全车距;当 MSDE ≤ 0 时,代表两车间存在着潜在的危险,且 MSDE 负值绝对值越大,事故风险性也越高。

(1)在警告区末端及过渡区的车辆,由于减速甚至停车排队、车道数减少等原因,将出现大量的制动停车和车道变换等行为,从而导致追尾冲突和换道冲突频发,因此此区域可选用交通冲突指标体现安全性。

(2)上游过渡区及警告区末端的排队长度及通过工作区的延误指标直接体现着维养作业区通过能力大小且容易测量,因此可选用警告区末端排队长度及通过工作区的行车延误作为交通效率指标。

7.2.3 维养作业区各区段长度因素

在警告区,驾驶人从看到第一块施工作业警告标志后开始注意到前方存在施工区域,驾驶人需要有足够的时间与空间来改变行车状态,因此对于警告区的空间布局尤其长度的研究尤为重要。对于一般路段,首先参考以往规程中对警告区长度设置理论,然后利用仿真技术对不同流量及不同限速情形下的警告区排队长度进行分析,在此基础上,结合逐级限速策略给出不同道路形式及不同流量下的警告区推荐长度;山区弯曲公路限速值一般较小,车流量亦较小,且由于道路弯曲,车流运行不稳定,因此利用 MSDE 指标更能体现山区弯曲公路不同长度警告区的安全性。

1)维养作业警告区长度研究

(1)不考虑逐级限速的警告区长度分析

《规程》将警告区长度分为 3 个部分。警告区的最小长度可以由式(7.2-2)计算:

$$S = S_1 + S_2 + S_3 \tag{7.2-2}$$

式中:S——警告区长度(m);

S_1——从正常行驶车速降至所限制的行驶车速所需要的距离(m);

S_2——车辆达到工作区地段附近的排队尾部时的最小安全距离(m);

S_3——工作区地段附近车道封闭、车道数减少、行车条件改变等因素引起的车辆拥挤时的排队长度(m)。

警告区末端(上游过渡区前面)车道上拥挤车辆的排队长度对整个警告区长度的影响较大,但《规程》给出的理论计算方法的不足在于排队长度的计算没有考虑维养作业区域的具体形式,如封闭类型等;另一方面,所选取排队长度只考虑最小流量,不利于交通安全,应该考虑平均值或较大值。

(2)考虑逐级限速的警告区长度分析

根据逐级限速标志布置原则,每100m速度降低10km/h,限速区域距离长度可计算如下:

$$S_1 = \frac{V_{xq} - V_{xh}}{10} \times 100 \quad (7.2\text{-}3)$$

式中:V_{xq}——限速前的速度(km/h);

V_{xh}——限速后的速度(km/h)。

以高速公路为例,正常限速一般为120km/h或110km/h,则S_1计算结果如式(7.2-4)和式(7.2-5)所示。其取值可参考表7.2-2。

$$S_1 = \frac{120 - 70}{10} \times 100 = 500(\text{m}) \quad (7.2\text{-}4)$$

或:

$$S_1 = \frac{110 - 70}{10} \times 100 = 400(\text{m}) \quad (7.2\text{-}5)$$

改动 S_1 取值　　　　　　表 7.2-2

限速前速度(km/h)	限速后速度(km/h)	S_1 取值(m)
120	80	400
	70	500
100	70	300
	60	400
80	60	200
	50	300
	40	400
60	40	200
	30	300
40	30	100
	20	200

在确定警告区 S_3 长度时,应综合考虑平均排队长度及最大排队长度;在流量较小时,车速较快,排队长度应着重考虑最大排队长度;在流量较大时,车流发生拥挤车速较慢,可着重考虑平均排队长度。S_3 取值如表 7.2-3 所示。

S_3 取值　　　　表 7.2-3

车道形式	流量 Q(pcu/h)	S_3(m)
双向四车道	$Q \leq 1400$	400
	$1400 < Q \leq 1600$	1000
	$1600 < Q < 1800$	1200
	$Q > 1800$	分流
双向六车道封闭1条车道	$Q \leq 2800$	400
	$2800 < Q \leq 3100$	1000
	$3100 < Q \leq 3500$	1300
	$Q > 3500$	分流
双向六车道封闭2条车道	$Q \leq 1600$	200
	$1600 < Q \leq 1800$	1000
	$1800 < Q \leq 2000$	1300
	$Q > 2000$	分流

(3)警告区长度确定

由上述 S_1、S_2、S_3 确定方法,高速公路警告区长度建议取值总结如表 7.2-4 所示。《公路养护安全规程》(JTG H30—2015)规定设计速度为 120/100km/h 时,警告区的长度为 1600m。与《规程》相比,在流量较小的情况下,警告区的长度有所减少;在流量较大的情况下,警告区的长度有所增加。这主要因为排队的车辆数与流量是相关的,但是《规程》只考虑了一种流量,并没有考虑不同流量对排队的影响。

高速公路警告区长度理论值　　　　表 7.2-4

设计速度(km/h)	限速(km/h)	双向四车道		双向六车道封闭1条车道		双向六车道封闭2条车道	
		流量范围(pcu/h)	警告区长度(m)	流量范围(pcu/h)	警告区长度(m)	流量范围(pcu/h)	警告区长度(m)
120	60	$Q \leq 1400$	1100	$Q \leq 2800$	1100	$Q \leq 1600$	1000
		$1400 < Q \leq 1600$	1700	$2800 < Q \leq 3100$	1700	$1600 < Q \leq 1800$	1700
		$1600 < Q < 1800$	1900	$3100 < Q \leq 3500$	1900	$1800 < Q \leq 2000$	2000

续上表

设计速度 (km/h)	限速 (km/h)	双向四车道 流量范围 (pcu/h)	警告区长度 (m)	双向六车道封闭1条车道 流量范围 (pcu/h)	警告区长度 (m)	双向六车道封闭2条车道 流量范围 (pcu/h)	警告区长度 (m)
120	70	$Q \leq 1400$	1100	$Q \leq 2800$	1000	$Q \leq 1600$	1000
		$1400 < Q \leq 1600$	1600	$2800 < Q \leq 3100$	1600	$1600 < Q \leq 1800$	1600
		$1600 < Q < 1800$	1800	$3100 < Q \leq 3500$	1900	$1800 < Q \leq 2000$	1900
	80	$Q \leq 1400$	1000	$Q \leq 2800$	1000	$Q \leq 1600$	1000
		$1400 < Q \leq 1600$	1500	$2800 < Q \leq 3100$	1500	$1600 < Q \leq 1800$	1600
		$1600 < Q < 1800$	1700	$3100 < Q \leq 3500$	1800	$1800 < Q \leq 2000$	1900
100	60	$Q \leq 1400$	1000	$Q \leq 2800$	1000	$Q \leq 1600$	1000
		$1400 < Q \leq 1600$	1500	$2800 < Q \leq 3100$	1600	$1600 < Q \leq 1800$	1500
		$1600 < Q < 1800$	1700	$3100 < Q \leq 3500$	1800	$1800 < Q \leq 2000$	1800
	70	$Q \leq 1400$	1000	$Q \leq 2800$	1000	$Q \leq 1600$	1000
		$1400 < Q \leq 1600$	1400	$2800 < Q \leq 3100$	1400	$1600 < Q \leq 1800$	1400
		$1600 < Q < 1800$	1600	$3100 < Q \leq 3500$	1700	$1800 < Q \leq 2000$	1700
	80	$Q \leq 1400$	1000	$Q \leq 2800$	1000	$Q \leq 1600$	1000
		$1400 < Q \leq 1600$	1300	$2800 < Q \leq 3100$	1300	$1600 < Q \leq 1800$	1300
		$1600 < Q < 1800$	1500	$3100 < Q \leq 3500$	1600	$1800 < Q \leq 2000$	1600
80	40	$Q \leq 1400$	1000	$Q \leq 2800$	1000	$Q \leq 1600$	1000
		$1400 < Q \leq 1600$	1500	$2800 < Q \leq 3100$	1400	$1600 < Q \leq 1800$	1400
		$1600 < Q < 1800$	1700	$3100 < Q \leq 3500$	1700	$1800 < Q \leq 2000$	1600
	50	$Q \leq 1400$	1000	$Q \leq 2800$	1000	$Q \leq 1600$	1000
		$1400 < Q \leq 1600$	1400	$2800 < Q \leq 3100$	1400	$1600 < Q \leq 1800$	1300
		$1600 < Q < 1800$	1600	$3100 < Q \leq 3500$	1700	$1800 < Q \leq 2000$	1500
	60	$Q \leq 1400$	1000	$Q \leq 2800$	1000	$Q \leq 1600$	1000
		$1400 < Q \leq 1600$	1300	$2800 < Q \leq 3100$	1300	$1600 < Q \leq 1800$	1300
		$1600 < Q < 1800$	1500	$3100 < Q \leq 3500$	1600	$1800 < Q \leq 2000$	1600

由表7.2-4可以看出，在相同的流量范围内，警告区的长度随限速及封闭的车道数的变化不大。中等流量与大流量的情况下，警告区长度的差别在300m以内。因此，通过进一步归纳简化，警告区长度可以按表7.2-5选取。

高速公路警告区长度　　　　　　　　　　　　表 7.2-5

设计速度(km/h)	流量范围	警告区长度(m)
120	L^a	1100
	H^b	2000
100	L	1000
	H	1800
80	L	1000
	H	1700

注:1. 对于双向六车道封闭2条车道的情况,警告区长度按双向四车道选取。
　　2. 交通量大于 H 值上限时应考虑分流。
　　　a. 双向四车道单向 $Q \leqslant 1400 \text{pcu/h}$;双向六车道单向 $Q \leqslant 2800 \text{pcu/h}$。
　　　b. 双向四车道单向 $1400 < Q < 1800 \text{pcu/h}$;双向六车道单向 $2800 < Q \leqslant 3500 \text{pcu/h}$。

2) 维养作业上游过渡区长度研究

上游过渡区交通冲突频发,利用交通冲突指标结合以往成果及理论分析进行确定。依据仿真结果与理论分析,通过对比不同过渡区长度下的安全性(冲突数表征)及交通效率(过渡区前排队长度)等指标对过渡区长度进行优化设置。需要指出的是,仿真运行对车道宽度不敏感,而已有规程中对缓冲区长度的设置是把车道宽度作为一个重要因素进行考虑,本书首先对不同长度过渡区的安全性及效率进行仿真研究,选取合理过渡区长度范围,进一步与已有《规程》的理论计算推荐值进行分析比较,以验证其合理性,最后结合车道宽度因素,给出上游过渡区长度的推荐值。

依据《规程》给出考虑车道宽度的过渡区长度选择计算方法及推荐值,并与上述仿真结果进行对比,给出不同情况下的过渡区长度建议值。

在上游过渡区中,应包括车道封闭和路肩封闭两种情况。假定车辆的行驶速度为 $v \text{km/h}$,被封闭的车道宽度为 $W \text{m}$,则车道封闭所需要的上游过渡区的最小长度可用《道路交通标志和标线　第3部分:道路交通标线》(GB 5768.3—2009)建议的公式来估算,如式(7.2-6)所示。

$$L_S = \begin{cases} \dfrac{v^2 W}{155} & (v \leqslant 60 \text{km/h}) \\ 0.625 vW & (v > 60 \text{km/h}) \end{cases} \tag{7.2-6}$$

式中:L_S——上游过渡区(m);

v——养护工作区路段车速(km/h);

W——所关闭车道的宽度(m)。

根据式(7.2-6)计算得出的上游过渡区的长度如图7.2-1所示。在60km/h的位置,过渡区的长度有一个突变。如最终限速70km/h及车道宽度3.75m时根据式(7.2-6)计算对应过渡区长度为164m,取值远大于60km/h时的对应取值90m。

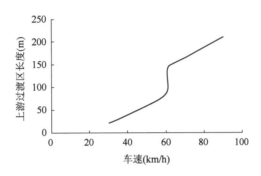

图7.2-1　上游过渡区长度(封闭宽度3.75m)

在最终限速值小于或等于60km/h时,上面过渡区仿真优化结果与理论建议值基本相符,处于大致相同的长度范围内;但当最终限速值大于60km/h时,过渡区的长度要大于仿真结果,《规程》中也未给出推荐值。由于过渡区长度对于车流的合并有重要的影响,本着设置长度连续性原则,根据理论公式推导结果及国外现有规范和研究成果,对过渡区长度的建议值如表7.2-6所示。

过渡区长度建议值　　　表7.2-6

限制车速 (km/h)	不同封闭车道宽度下的过渡区长度建议值(m)		
	3.0m	3.5m	3.75m
80	150	170	190
70	120	140	160
60	100	100	120
50	90	100	100
40	40	40	50
30、20	20		

路肩封闭情况下的上游过渡区长度为表7.2-6中长度的1/3。对于上游的导流过渡区,其长度为表7.2-6中推荐值的1/2。

表7.2-6中的取值包含了高速公路、一级公路及二、三级公路选取值。在

"车道封闭、交替通行"的情况下,车辆需要先停车等待,再通过维养作业区。这种情况下通常有交通指挥人员或者临时交通信号灯,此时过渡区的主要作用是使车辆启动时变道至行驶车道。在这种情况下,过渡区车速慢,而且不存在横向的交通冲突,因此过渡区的长度不需要太长,宜取值为15~30m。

3) 维养作业缓冲区长度研究

缓冲区是过渡区到工作区之间的一段空间,它的设置主要考虑到假设行车驾驶人判断失误,有可能直接从过渡区闯入到工作区,造成人员伤害和设备损坏。所以缓冲区可以提供一个缓冲路段,给失误车辆有调整行车状态的余地,避免发生更严重的事故。因此,在缓冲区内一般不准堆放东西,也不准养护作业人员在其中活动或工作。为了更有效地保护养护作业人员,在过渡区与缓冲区之间,可以设置防冲撞装置,以加强防护作用。

缓冲区分为横向缓冲和纵向缓冲区。横向缓冲区的具体宽度需要根据养护作业地点的实际情况决定。如果作业区采取硬隔离,横向缓冲区的宽带为安装护栏所需要的空间,一般为0.5m;采取锥形交通路标隔离时,横向缓冲区的宽带应该在硬隔离基础上上调20~30cm;但是在布置横向缓冲区时,行车道的宽度也要得到保证,在两者冲突的情况下,要优先保护行车道的宽度。同时,为了保证工作区的安全,在没有横向缓冲区的情况下,需加强人员管控并且限速值应相应地降低10~20km/h,具体降速值应根据实际情况选取。

纵向缓冲区的长度应保证闯入作业区的车辆可以安全停车,不会对施工人员和设备造成很大的影响。纵向缓冲区的长度可采用参考停车视距。如果维养作业区位于下坡路段,由于车辆停车距离增加,纵向缓冲区的长度也应适当延长。根据国内外的研究及规范,纵向缓冲区的长度可按表7.2-7选取。对于缓冲区位于上坡段的情况,纵向缓冲区长度按表7.2-7中坡度≤3%的情况选取。

纵向缓冲区长度 表7.2-7

限速值	下坡段不同坡度的纵向缓冲区长度(m)	
(km/h)	≤3%	>3%
20、30	35	
40	50	55

续上表

限速值 (km/h)	下坡段不同坡度的纵向缓冲区长度(m)	
	≤3%	>3%
50	65	75
60	85	95
70	105	115
80	130	145

4) 维养作业工作区长度研究

《公路养护安全作业规程》(JTG H30—2015)规定工作区长度应根据养护维修作业的需要确定,然而对工作区的最大长度并没有规定。但是,工作区长度的增加可能造成延误时间及养护成本的增加。目前,已有学者对工作区的长度进行了研究,而且部分省份对于工作区的最大长度做了要求,并且在实际工程应用中的效果较好。本节将利用仿真技术与理论方法研究不同工作区长度下的交通延误,根据驾驶人的心理等因素,并在考虑作业区长度与养护管理的关系的基础上选择合适的工作区长度。

由于高速公路车流运行过程中,受到驾驶人个性及大车低速等的影响,延误时间取值范围的弹性较大,因此,给出一个延误时间的范围参考,从而确定作业区长度。

表7.2-8~表7.2-10给出不同工作区长度及不同流量下的车辆延误。

双向四车道封闭单车道平均延误　　表7.2-8

流量 (pcu/h)	工作区 长度 (m)	正常行驶 平均行程 时间 D_2 (s)	养护条件下 平均行程 时间 D_1 (s)	25~ 30km/h 时 平均行程 时间 (s)	延误1 (s)	延误2 (s)
600	1000	163	276	332	113	169
	2000	217	346	463	129	246
	3000	271	422	597	151	326
1200	1000	172	291	359	119	187
	2000	229	366	492	137	263
	3000	261	431	620	158	359

续上表

流量 (pcu/h)	工作区 长度 (m)	正常行驶 平均行程 时间 D_2 (s)	养护条件下 平均行程 时间 D_1 (s)	25～ 30km/h 时 平均行程 时间 (s)	延误1 (s)	延误2 (s)
1600	1000	187	369	571	182	384
	2000	231	443	715	212	484
	3000	288	519	862	231	574
1800	1000	191	570	747	379	556
	2000	255	656	981	401	726
	3000	310	735	1251	425	941

双向六车道封闭1条车道平均延误　　　　　表7.2-9

流量 (pcu/h)	工作区 长度 (m)	正常行驶 平均行程 时间 D_2 (s)	养护条件下 平均行程 时间 D_1 (s)	25～ 30km/h 时 平均行程 时间 (s)	延误1 (s)	延误2 (s)
1800	1000	185	262	369	77	184
	2000	248	313	487	65	239
	3000	313	369	611	56	298
2000	1000	191	261	373	70	182
	2000	249	312	491	63	242
	3000	319	369	617	50	298
2500	1000	200	287	392	87	192
	2000	258	334	511	76	253
	3000	325	391	631	66	306
3000	1000	211	313	535	102	324
	2000	270	361	661	91	391
	3000	338	417	787	79	449
3200	1000	220	339	613	119	393
	2000	279	391	722	112	443
	3000	342	448	829	106	487

续上表

流量 (pcu/h)	工作区 长度 (m)	正常行驶 平均行程 时间 D_2 (s)	养护条件下 平均行程 时间 D_1 (s)	25~ 30km/h时 平均行程 时间 (s)	延误1 (s)	延误2 (s)
	1000	227	612	639	385	412
3500	2000	287	683	785	396	498
	3000	356	763	887	407	531

双向六车道封闭2条车道平均延误　　表7.2-10

流量 (pcu/h)	工作区长度 (m)	正常行驶 平均行程 时间 D_2 (s)	养护条件下 平均行程 时间 D_1 (s)	25~ 30km/h时 平均行程 时间 (s)	延误1 (s)	延误2 (s)
	1000	152	283	343	131	191
600	2000	201	351	465	150	264
	3000	268	429	586	161	318
	1000	165	300	372	135	207
1200	2000	220	375	498	155	278
	3000	274	432	619	158	345
	1000	181	377	571	196	390
1600	2000	227	453	678	226	451
	3000	275	523	788	248	513
	1000	185	581	549	396	364
1800	2000	248	678	768	430	520
	3000	313	746	988	433	675
	1000	191	731	787	540	596
2000	2000	249	842	938	593	689
	3000	319	954	1178	635	859

由以上结果可以看出,随着流量的增大,平均延误时间也不断增加。在小流量(如600pcu/h)时基本没有排队现象,并且延误大多由限速引起,延误值较小,

随着流量增加,出现排队现象,车辆平均延误值也随之增加;对于双向四车道封闭单向 1 条车道及双向六车道封闭单向 2 条车道,当单向流量达到 1800pcu/h 时,车辆通过养护区域的平均延误大幅增加,并且养护工作区的长度对延误值的影响降低,这说明此时延误值大多由排队引起。可以看出,延误值大小与流量大小密切相关,养护作业施工区长度大小的设置亦需考虑流量等因素。

综上分析,考虑驾驶人的心理等因素,一般延误时间在 5～10min 可以接受,因此养护施工作业区的最大长度应控制在 3km。

5) 维养作业下游过渡区长度研究

下游过渡区是为了将车流再引入正常车道的一个过渡路段。若下游过渡区设置得当,将有利于交通流的平滑。下游过渡区的长度一般只要保证车辆有足够的路程来调整行车状态,即能够保证大型货车等车辆能够恢复正常行驶状态即可。多次仿真实验的结果证明,只要在一定的长度范围内(20～40m),车流都可以顺畅地疏散,所以最小长度可按 30m 取值。

6) 维养作业终止区长度

终止区是设置于工作区下游调整车辆行车状态的路段,其设置目的是为通过或绕过养护作业地段的车辆提供一个调整行车状态的路段。在终止区的末端应设置有关解除限速或超车的交通标志,这样可使驾驶人明白已经通过了养护作业地段,并恢复正常的行车状态。由于在终止区,道路车道已经恢复正常,车辆车速又较低,故安全性较高。为使车辆尽快恢复正常的运行状态以提高运行效率,终止区长度不宜设置较长。

7.2.4　维养作业区设施布设因素

作业区设施用于发布法规、规则管理信息,提醒、提示、引导过往车辆驾驶人采取正确及时的操作。为此,从常规布设和夜间布设两方面,提出设施布设因素特点和基本控制策略。

1) 维养作业区设施常规布设

《公路养护安全作业规程》(JTG H30—2015)和《道路交通标志和标线》(GB 5768)给出了一系列作业区临时交通安全设施,均可应用到养护作业控制区各区段中,根据其布设的位置,发挥不同的作用,分别起到警示、防护、引导的作用。

2) 夜间养护施工安全设施布设

随着汽车保有量的突飞猛进,全国道路交通量猛增,为充分保证公路养护作业时交通的顺畅,很多情况下,公路养护工作被迫安排在夜间交通量小的时段,这在东部发达城市的环路上表现尤其明显。

与白天施工不同,夜间养护作业的能见度较低,因交通量较小,车速保持在较高的水平,而且夜间多疲劳驾驶,以上问题对夜间养护作业的安全性提出了更高的要求。

夜间公路养护时,作业人员安全是首要的考虑因素,这就要求安全设施必须对行驶车辆有强有效的施工提示。夜间公路养护安全设施满足以下要求:

(1) 标志及设施具有较高的反光性

首先要求警告区的警示标志字体及图形具有明显的反光性,使车辆在进入警告区前了解到前方施工信息;其次要求锥形交通路标及线形诱导标具有明显的反光性,正确引导车辆的行驶路径;再次要求作业人员必须身着反光服,配备反光帽及反光手套;此外,还要求作业车辆和机械设备贴有反光条,保证驾驶人发现作业车辆和机械。

(2) 工作区有足够的照明设施

夜间视距较短,要求在工作区有足够数量及亮度的照明设施,一则方便作业人员施工,二则保证行驶车辆清楚看到作业人员及机械设备的位置,提早闪避。

照明灯布置时,面向工作区布置,以免对过往车辆造成眩光。照明灯需满足一定的照明要求,要求灯光照射半径需达到 30m 以上。

(3) 足够数量的闪光警示灯

要求在警告区和工作区前端分别设置具有明显视觉效果的闪光警示灯,警告区的闪光警示灯可与施工警告标志同位置布设,工作区前的闪光警示灯架设在护栏上,即采用附设施工警示灯的护栏,为保证作业人员安全,至少需在以上两处布设。

(4) 语音提示

在远离居民区的路段养护作业时,还可以通过声音来提示行驶车辆,可安排专人在警告区用喇叭告知前方施工信息,也可用有规律的警示音或录音提示。

(5)注意事项

①长期养护作业和跨夜短期养护作业应按照夜间养护施工的控制方法执行；

②临时作业和移动作业不允许在夜间施工；

③夜间应急抢修工程按照短期夜间作业布置；

④夜间施工作业时，需有旗手，夜间作业暂停时，可不设置旗手。

7.3 维养作业区交通实时监测与安全风险智能管控

针对作业区这一高速公路运维现场的主要作业场景，交通运行风险的基本控制策略虽然能够提供良好的基础通行条件，但作业区内、外影响运行安全的因素是动态的，特别是上游车辆、作业区内部作业人员、车辆的活动以及物料的堆放受人的因素影响较大，作业区所在地区气象条件也不断变化，静态的风险控制难以满足全过程安全监管的需要。因此，基于视频、雷达等传感器和人工智能算法，研发实现作业部署全过程和维养作业期间作业区上游、作业围蔽区内部运行安全风险要素的自动识别、监测和风险事件预报警，精细化获取作业区运行信息、动态管控风险、有效保障交通安全运行。

7.3.1 需求分析

1) 维养作业计划

高速公路运营管理企业养护部门，需要根据路政巡查、日常养护巡检和养护检查中发现的异常情况，以及日常维修业务需要，制定维养作业计划，安排养护施工开展现场工作。维养作业计划的制定要考虑以下因素：

(1) 维养工作类型和内容。

(2) 维养开展的时间需求。

(3) 维养作业范围和周期。

(4) 作业期间大桥通行要求。

(5) 作业期间大桥运行情况。

(6)作业期间大桥通行条件。

制定形成的维养计划一般包括以下内容:

(1)作业分类(路面事件应急处突、桥梁、路面、交安、机电等)。

(2)作业内容(清障、检测、维修、保洁、绿化等)。

(3)作业开展时间。

(4)作业区范围(桩号区间、车道占用等)。

(5)维养作业安全要求。

高速公路运营管理企业维养作业计划分为两大类,并采取不同的计划方式:

(1)第一类维养作业:日常维养

日常维养是指小范围、短时间、经常性实施的保洁、清障、更换小配件等作业。

日常维养作业的维养作业计划采用临时报备方式,即由养护施工单位按养护部的总体要求,自行组织作业,并在作业前向养护部、路政队报备。其作业施工组织方案、交通组织方案,包括企业、人员的资质资格等实施条件,采取半年一报审的方式,由路政队进行审核、批准。

(2)第二类维养作业:专项维养

专项维养是指实施范围较大、持续时间较长、实施间隔周期较长的定期检测、路面翻新、防腐层大面积更换、结构维保等作业。

专项养护由养护部周期性安排或根据养护检测发现的病害情况,通过养护决策审批立项的方式确定实施。其实施范围、施工组织方案、交通组织方案等均采取一事一议的方式,通过养护部、路政队审批,必要时由应急管理部组织论证后确定。

现阶段维养计划采取人工方式,由养护部分专业专人负责。

2)交通组织方案设计

(1)日常维养

由于日常养护采取半年一次集中审批的方式,加之日常维养的作业区范围小、设置工况简单、频繁实施,实际管理流程中,不会对其交通组织方案进行专门设计。路政队控制日常维养作业区布设和运行的合规性,采取巡查过程中进行施工监管的方式,通过路政人员现场检视其设施布设、人员个人防护装置佩戴、车辆机械使用及现场作业管理的合规性、安全性。

（2）专项维养

高速公路运营管理企业养护部做出专项维养决策后，由养护施工单位根据作业特点和需求，开展施工组织设计和交通组织方案设计。维养作业施工交通组织设计一般包括：

①作业范围（桩号区间、车道占用等）；

②作业内容；

③作业周期；

④交通组织方案说明；

⑤交通组织平面图；

⑥施工现场临时交安设施布设图、布设表；

⑦安全管理方案。

此外，在施工组织设计中，还会明确作业期间人员、车辆、物料的安排。

现阶段维养施工组织设计由养护施工单位制定，部分复杂工程的交通组织方案会委托其他单位专项设计。

形成的专项维养施工组织设计和交通组织方案设计成果，进入立项审批流程，由养护部、路政队、应急管理部审批立项。路政队会结合交警意见重点审核交通组织方案设计，对于复杂、风险高的专项维养，应急管理部还会组织专项论证。

3）方案核准审批

（1）日常维养

日常维养采取半年度核准审批方式。

（2）专项维养

高速公路运营管理企业养护部负责对养护施工单位制定的施工组织设计（含施工交通组织方案）进行复核，路政队负责依据《公路养护安全作业规程》（JTG H30—2015）和大桥维养作业手册等要求，结合交警意见对交通组织方案进行审核。

4）养护计划执行前决策

养护施工单位在养护计划实施当天或前一天，向大桥养护部提出日常维养或专项维养作业的报备,养护部、路政队根据当天气象、交通情况和大桥运行管理情况,确定是否可以实施作业,并与养护施工单位协商。

5）设施现场布设核验

高速公路运营管理企业路政队负责对养护施工单位在现场设置的作业区临时设施的合规性进行监管,养护部也有监管责任,若发现与之前审批过的交通组织设计方案或相关标准规范、制度要求不符,需要及时纠正。路政大队在日常巡查时,对作业区施工情况进行检视,对存在不符合规定的情况进行记录和纠正。养护施工单位作为现场作业单位,对设施现场布设负主体责任,应严格按批准的施工交通组织方案执行。

6）作业现场动态监测

高速公路运营管理企业养护部负责对作业现场的安全状况进行督导,通过现场督导、监控系统视频观察,发现存在的问题。养护施工单位作为安全责任主体,负有现场安全管理第一责任。现场设置安全员,负责监督人、车、物的状况,发现安全问题及时纠正。

7）风险动态管控

高速公路运营管理企业养护部主要基于作业现场监测情况研判风险,督导养护施工单位加强防控。养护施工单位基于现场监测,对风险进行监测评估,及时发现问题,实施现场纠正。

7.3.2　功能规划

系统总体实现以下功能:

1）方案核准审批

系统提供界面,由养护施工单位填表提交每次维养作业临时设施布设信息和人员、机械、物料信息,与《公路养护安全作业规程》(JTG H30—2015)等规则进行比对,生成自动审核结果和方案核准审批单;系统提供界面,按不同类型作业,由路政队、养护部、应急管理部人员确认批准或提出优化调整要求反馈至养护施工单位,养护施工单位修改调整后,再次提交报审,直至方案通过批准。

其中,日常维养仅需路政队审批;专项维养中,不需要专项安全论证的,由路政队和养护部审批,需要专项论证的,由路政队、养护部、应急管理部审批。

2)养护计划执行前决策

系统根据气象、交通情况和大桥运行管理情况,计算维养作业区实施后通行能力,评估作业风险,生成养护计划执行决策支持,系统提供界面,在当日上班后30min内,由路政队和养护部做出决策确认。

3)作业区安全监管电子围栏和规则生成

系统基于养护施工单位上报路政队、养护部批准的维养作业方案(包括作业区临时设施布设信息和人员、机械、物料信息),基于数字地图生成作业区安全监管电子围栏和人员、机械、物料监管规则(车辆类型、牌照,人员身份信息,物料类型、数量等)。

4)维养作业上桥前人员、机械、物料登记

养护施工单位在上桥作业前,通过系统终端登记发放人员定位卡(手环、UWB安全帽或工牌)、机械定位器(GNSS/UWB)、临时交通安全设施定位器(GNSS/UWB),录入上桥物料的类型和数量信息,系统将登记信息与大桥养护部批准的方案中相关人员、机械信息进行比对,存在出入时向养护部报警,确认无误时将人员、机械信息与定位卡/器信息绑定。

5)设施现场布设核验

养护施工单位根据养护部批准的方案,在作业区现场布设临时交通安全设施,完成布设后,通过系统现场终端申请开工,系统根据监管电子围栏和规则,对临时交通安全设施反馈的定位信息进行自动核验,存在问题的向养护部报警,经养护部人工反馈整改要求,不存在问题的,报养护部人工确认批准开工。

6)作业现场实时监测

作业区风险管控系统装备(含UBW定位子站等)在现场对作业区上游来车和作业区内部人员、机械、物料,以及临时交通安全设施位置实施实时检测,将定位信息通过移动公网/专网实时发送至高速公路监控中心。

7)风险动态管控

作业区风险管控系统装备(含UBW定位子站等)在现场识别异常状况和风

险事件,开展预/报警,通过声光报警器、可变信息标志和手环,联动提醒作业人员及时避险或纠正越过作业区边界的行为。预/报警信息通过移动公网/专网即时发送智联平台向监控系统报告并展示,通过本系统向养护部报告。养护部根据情况调取作业区风险管控系统装备或大桥监控系统视频,确认事件情况,根据情况向监控中心、路政、应急救援队等部门推送管控信息。

7.3.3 系统设计

作业区风险管控子系统由部署于作业区现场的风险因素识别、监测、预报警装备和部署于云平台的作业区风险管控业务系统两部分组成。

按照风险发生的先后分成作业前风险预控和作业期间风险监控模块,系统由主体控制模块、软件算法、硬件设施和基础模块四部分构成。系统的主体控制模块由通行能力模块、作业条件判断模块、内部风险管控模块和外部风险管控模块四部分构成。

作业前风险预控模块包括通行能力模块和作业条件判断模块,通行能力模块针对前期交通组织方案设计阶段,可量化计算作业前后道路的通行能力,用于确定作业车道封闭形式,对于作业前后交通拥堵进行预判;作业条件判断模块与气象传感器数据对接,读取温度、湿度和风速等气候特征指标,当指标超出系统预设阈值即将信息发送至评估与决策模块,由相关管理人员决定是否上岗作业。

作业期间风险监控模块包括内部风险管控模块和外部风险管控模块。内部风险管控模块针对作业区内的人员越界、机械越界和物料溢出风险开展预报和管控,外部风险管控模块基于作业区外车辆闯入和合流抢行等风险开展预报和管控,通过作业区周界算法(人员和机械越界算法、物料溢出算法和社会车辆闯入算法)和汇合控制算法,并借助单兵装置、声光报警装置进行风险的预报,或者借助可变信息标志进行交通诱导和车辆闯入等信息的发布,本系统通过存储装置、供电装置、通信装置和服务器保证系统的数据存储、传输和整体运行。

系统运行逻辑框图如图7.3-1所示。作业前风险预控工作包括方案设计阶段的通行能力分析,需要明确交通需求满足作业条件才可以开展方案设计。通过气象传感器获取气候特征指标,对于不满足养护作业条件的气候应进行控制,实时上报后决定是否继续开展作业。作业期间风险监控工作主要包括:针对人员越界情况通过单兵装置和可变信息标志(Variable Message Signs,VMS)动态信息进行风险预报,针对车辆闯入的情况一方面进行单兵报警,另一方面通过声光报警器和 VMS 进行风险信息动态实时发布,针对物料溢出、机械越界的情况,通过声光报警器和 VMS 进行风险信息动态实时发布,并将上述作业人员越界、车辆闯入、物料溢出和机械越界的信息同步推送至管理层,进一步加强管理。

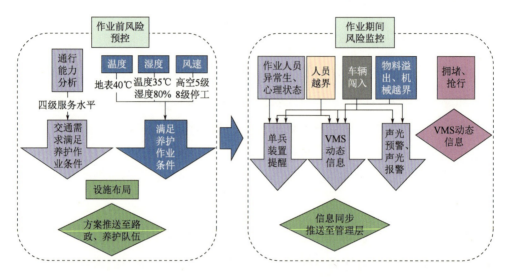

图 7.3-1　系统运行逻辑框图

将上述模块通过软硬件系统的联调集成为一个服务于作业区作业人员安全监管、交通运营管理的技术服务与管控平台,并可通过 PC 端进行实时查看。系统面向作业前风险预控和作业现场风险动态防控全过程,通过雷达和视频融合,首次研发提出作业区上游来车和作业围蔽内部人员、车辆、物料跨越或溢出围蔽边界等致险因素的识别算法,研发形成维养作业区风险管控系统与装备,通过作业前通行能力分析、施工环境条件研判等,实现作业条件风险的预控;通过作业现场致险因素的实时监测和风险评估预警,实现了作业区事前-事中-事后全过程风险动态、主动防控,并通过 4G/5G 无线传输技术由位于缓冲区的可变信息标志发布闯入信息,同时,由作业人员佩戴的单兵装置发布闯入信息。

系统的研发为高速公路维养过程中路面上作业人员、车辆和物料提供安全保障,该系统可以提供事件预报警,有效控制维养作业期间的安全风险,减少事故的发生;同时,通过报警功能为发生事故后作业人员提供逃生时间,从而显著降低因维养作业区事故带来的人员和财产损失,以及事故带来的交通中断等间接损失。一方面,可为高速公路交通运行智能化主动管控系统提供针对高风险区段(作业区)的精细化数据获取手段;另一方面,通过面向上游来车和作业人员的动态风险管控,拓展了交通运行管控系统的管理深度,显著提高了交通运行管控的针对性和有效性。

7.3.4 软件系统实现

基于港珠澳大桥智能运维系统,开展了作业区风险管控系统软件的实现。系统由部署于 Web 端的融合数字化地图的监控首页、作业区管理、通行能力评价设置、作业气象条件设置、作业区设备设置、历史报警回看等模块,以及现场设备端的监测分析、报警响应和远程控制模块构成,具体见图 7.3-2。

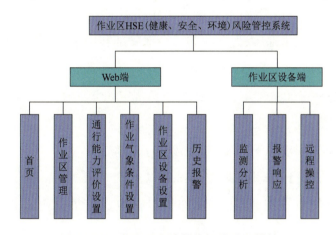

图 7.3-2 作业区风险管控系统功能模块

作业区风险管控系统主要具备"作业区风险预控"和"作业区风险现场管控"两大核心功能。

1) 作业区风险预控

该功能主要由作业区风险管控业务系统利用智联平台交通运行和气象数据,以及作业区风险现场管控装备的反馈数据,在维养作业施工前,分析作业区安全运行条件,消除作业安全隐患,规避高风险施工,其系统界面见图 7.3-3。

(1) 系统在执行维养作业计划前,对维养当天作业区布设后路段的通行能力进行测算,结合桥上气象条件信息,对桥上作业安全运行条件进行分析评判,为大桥养护管理和路政部门对维养作业的审核批准提供决策支持,有效规避高风险条件下维养作业的实施。

图 7.3-3　基于桥上气象条件数据的作业风险预判

作业条件判断模块通过调取气象传感器的温度、湿度和风速数据,当作业区段上述指标超出作业适岗标准值,即发出建议不上岗的报警。根据国家安全生产监督管理总局、卫生部、人力资源和社会保障部和中华全国总工会发布的《防暑降温措施管理法》(安监总安健〔2012〕89号)第八条和国家标准《高处作业分级》(GB/T 3608—2008)规定,作业条件阈值规定如下:

①温度阈值:地表温度高于40℃;

②高温高湿:温度大于35℃,且湿度大于80%;

③风速:5级以上,禁止高处作业;8级以上,停工。

(2)系统在作业区围蔽锥桶设施布设完成,正式开展作业施工前,利用卫星定位技术,获取围蔽区轮廓,对作业区围蔽与标准规范要求和施工交通组织设计情况进行自动比对,实现对作业区围蔽合规性、安全性的自动核验,有效确保作业区初始安全保障能力,其系统见图7.3-4。

图 7.3-4　结合数字信息模型的围蔽区布设核验

2）作业区风险现场管控

该功能主要由作业区现场风险管控装备监测作业现场运行情况,判断作业区风险态势,对风险事件进行预报警,示意图见图7.3-5。

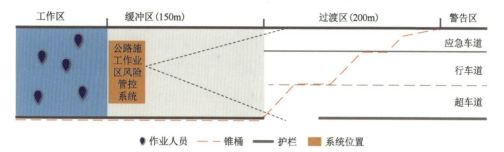

图7.3-5　作业区风险现场管控装备应用示意图

(1)通过毫米波雷达和视频传感器实时获取作业区上游来车速度、轨迹数据和作业围蔽区内部人员、车辆的位置、轨迹数据和物料堆放状态数据,实现作业区运行状态的监测。监测数据可实时回传智联平台,为交通运行管控提供精细化感知数据,系统功能示意见图7.3-6。

图7.3-6　作业区风险现场管控装备数据回传

(2)通过现场管控装备对感知数据进行融合计算,识别"上游车辆闯入、人员和车辆越过围蔽区边界和物料溢出围蔽区"等风险事件,通过可变信息标志、声光报警器以及作业人员单兵装置(手环)发布分级预警和事件报警信息,提醒作业人员注意安全、及时避险。

(3)现场管控装备将作业区风险事件及其预报警信息推送至智联平台,一方面,为大桥养护管理和路政部门开展针对性管理措施提供依据;另一方面,为交通运行风险管控提供数据支持。

7.3.5 作业区现场装备实现

1)装备硬件

作业区现场风险管控装备由设置于便携式杆架上的毫米波雷达、视频传感器、可变信息标志、声光报警器及工控计算机构成装备主机；由作业人员佩戴的智能手环作为单兵预报警装置。装备主机的工控计算机运行风险识别和预报警算法控制装备各部分运行,实现风险因素的识别、监测和风险事件预报警,设计图与实际硬件安装见图7.3-7~图7.3-9。

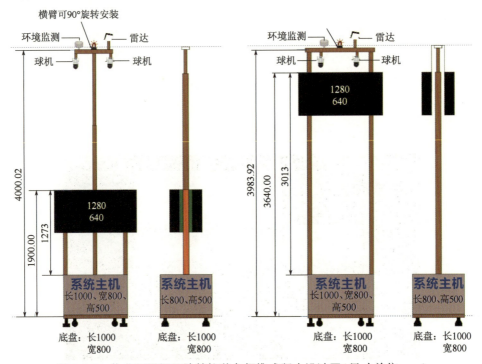

图7.3-7 作业区现场风险管控装备便携式版本设计图(尺寸单位:mm)

图7.3-8 作业区现场风险管控装备样机及防撞车安装情况

2)装备边缘算法实现

(1)车辆闯入作业区事件检测与预警算法

维养作业区车辆闯入事件检测基于监测设备搜集到的信息,一方面基于以速度、加速度等参数为指标的多目标关联车辆闯入程序算法和 5G 通信技术,借助设置于作业现场和监控中心的报警装置进行风险预报;另一方面基于交通流理论中的汇入间隙程序算法和 5G 通信技术,借助可变信息标志进行交通诱导信息的发布。

图 7.3-9　风险预警单兵装置样机

①预警算法。

a. 行驶速度大于 60km/h;

b. 距离作业区(渠化设施边界)垂直距离小于或等于 200m。

在作业车道上行驶的车辆同时满足上述两个条件即在作业区缓冲区内的可变信息标志发布一级预警信息:"车辆逼近,请注意!"

当上述 a 条件不变,b 条件为距离作业区(渠化设施边界)垂直距离小于或等于 75m 时,发布二级预警信息,可变信息标志发布:"车辆试图闯入,请躲避!"同时单兵装置执行预警行为,即中等级别的震动。

②报警算法。

车辆越过作业区边界(渠化设施边界)立即报警。

三级报警:

a. 可变信息标志发布:"车辆闯入,请立即躲避!"

b. 单兵装置发出强级别的震动。

防闯入安全预警算法流程如图 7.3-10 所示。

(2)作业区内安全预警算法

维养作业区内安全预警技术是基于监测设备摄像头采集的视频数据,通过基于深度学习的检测算法和图像特征对施工区内的施工人员、施工车辆和物料进行越界检测和预警,并通过预警设备进行提示报警。

技术流程如图 7.3-11 所示。

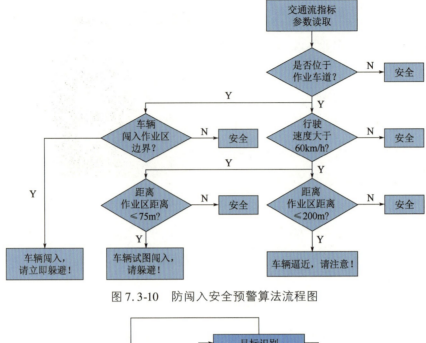

图 7.3-10　防闯入安全预警算法流程图

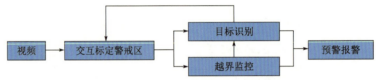

图 7.3-11　作业区安全预警技术流程

a. 算法以视频帧作为输入。

b. 通过人机交互,在视频图像中进行警戒区的标定,并生成警戒区掩膜(mask)。

c. 通过基于深度学习的目标检测网络进行区域内行人、施工车辆、物料、锥桶等目标的检测,并根据锥桶的边界区域对 mask 区域进行校核。

d. 提取视频帧之间的运动信息得到运动前景信息,并通过形态学特征结合 mask 区域,实现越界监控。

e. 结合越界监控和目标识别,进行不同类别施工区风险的预警报警。

呈现结果如图 7.3-12 所示,对预警区域(黄线)外的人员、工作车辆和物料进行预警。

① 目标物的识别算法。

在本部分,对图像中存在的施工人员、车辆、锥桶以及物料进行检测。

首先项目收集了大量历史积累的施工区作业视频,并进行了视频解析和图像标注,并对标注数据进行了统计分析,结果如图 7.3-13 所示,不同类别样本数目存在样本不均衡的问题。同时,由于采集设备视角大多为有一定高度的俯视视角,目标以小目标居多,以视野中间部分分布较多。其预警样本标注结果见图 7.3-13。

图 7.3-12　人员、工作车辆和物料预警

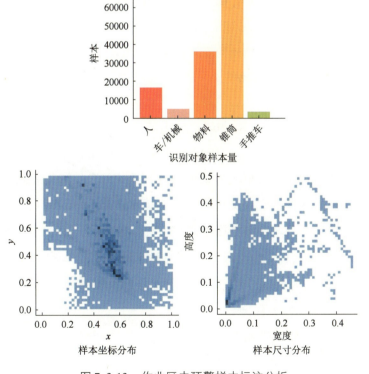

图 7.3-13　作业区内预警样本标注分析

其次是网络模型部分,本部分采用的基准目标检测网络模型是 Yolov5。Yolo 系列目标检测网络的核心思想在于将整张图作为网络输入,利用一个端到端的网络,直接在输出层输出目标物体的检测框位置以及检测框所属的类别。其他多阶段目标检测,往往需要先对生成候选框进行目标定位,再对候选框里的内容进行分类,故而在推理阶段。这也是 Yolo 能够广泛部署应用的原因之一。Yolov5 整体结构如图 7.3-14 所示,以一张 608×608 大小的图像输入为例,模型首先通过特征提取网络 Backbone(图绿色虚线框),其整体结构如图 7.3-14 所示。

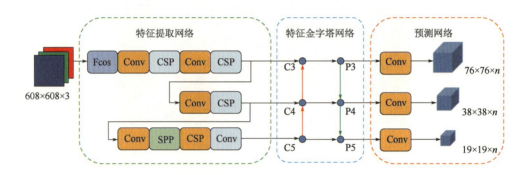

图 7.3-14 Yolov5 整体结构

注:图中 Fcos 是指全卷积单级目标检测(Fully Convolutional One-Stage Object Detection),Conv 是指卷积运算,SPP 是指空间金字塔池网络(Spatial Pyramid Pooling Network),CSP 是指一种增强卷积神经网络学习能力的骨干网络(A backbone that can enhance learning capability of CNN)。

特征金字塔 PANet 针对 Backbone 输出的不同尺寸特征图进行融合互补。如图 7.3-14 中蓝色虚线框内所示,PANet 包含了双向路径融合:首先,深层小分辨率的特征图信息逐步向浅层大分辨率特征图融合(红色箭头表示),这一步有利于将深层特征的感受野和语义结构信息传播至浅层;然后,浅层小分辨率特征图信息逐步向深层大分辨率特征图融合(绿色箭头表示),这一步有利于将浅层特征图的局部细节信息传播至深层。最后,预测网络 Yolo head 将 PANet 的输出特征 P3、P4、P5 解码为预测特征,其尺寸分别为 76×76、38×38、19×19,再通过后处理输出目标检测的结果。

训练过程中,训练集、验证集损失和精度如图 7.3-15 所示。在训练早期损失下降较快,精度提升也较快。到了后期,处于局部波动、整体缓慢下降波动的状态。

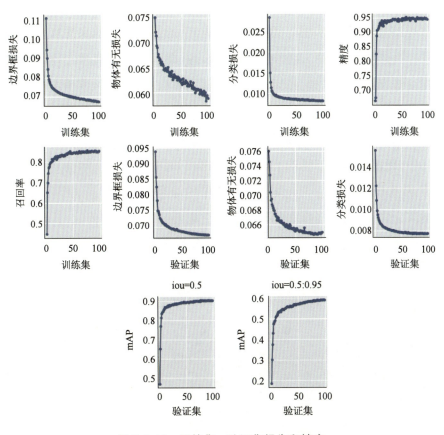

图 7.3-15 训练集、验证集损失和精度

注：iou 是指重叠度（intersection over union），mAP 是指最大后验估计（maximum A Posteriori）

实验结果如图 7.3-16 所示，图 7.3-16 为结果的 PR 曲线，在 iou = 0.5 的情况下，mAP 可以达到 0.902。

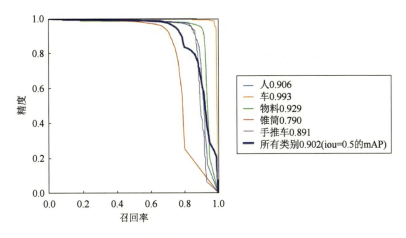

图 7.3-16　PR 曲线

②越界监控。

在越界监控部分,采用等间隔抽帧的方式,通过构建背景来提取视频中的运动前景。具体地,提取第 i 帧图像像素点 (x,y) 周围的像素值及之前间隔帧的像素值建立像素点的样本集,然后再将后续间隔帧 (x,y) 处的像素值与样本集中的像素值进行比较,如果其与样本集中像素值的距离大于某阈值,则认为该像素点为前景像素点,否则为背景像素点。

其中,新帧像素值与样本集中像素的比较如图 7.3-17 所示,$p_t(x)$ 为新帧的像素值,R 为设定值,p_1、p_2、p_3 等为样本集中的像素值,以 $p_t(x)$ 为圆心、R 为半径的圆被认为成一个集,当样本集与此集的交集大于设定的阈值时,认为此像素点为背景像素点(交集越大,表示新像素点与样本集越相关)。

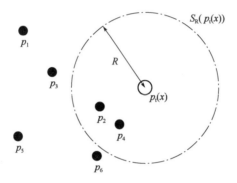

图 7.3-17 新帧像素值与样本集中像素的比较

构建的背景模型采用策略包括三个部分:无记忆的更新策略,保证背景模型中样本生命周期的平滑衰减;随机二次抽样,可人为延伸背景模型覆盖的时间窗口;领域传播更新机制,保证空间一致性,恢复被覆盖背景。

在完成运动前景提取之后,在对运动前景图像和 mask 图像进行按位与运算之后,进行图像形态学处理,组合使用腐蚀和膨胀操作得到施工区向外的报警提示。

CHAPTER 8 | 第 8 章

跨海长大桥隧交通运行与风险预警系统

数字孪生系统发展迅猛,跨海长大桥隧交通运行与风险预警系统的本质也是一种交通运行的数字孪生系统。系统主要面向的就是全桥的动态部分,用于对全桥的交通运行情况进行监控,不仅能在全桥全范围内覆盖识别车辆轨迹,还能对各种层次的风险进行分级预警和管理,并针对部分高风险的情况(事故、事件,或者其他危险情况)进行智能管控。

对于本系统而言,为了保证能够支撑实际的交通运行与风险预警工作,进行全环节智能化赋能提升,需要将硬件和算法等多种技术进行结合创新,最终以软件呈现。

本章主要梳理了在跨海长大桥隧配套的交通运行与风险预警系统中,应该具备哪些功能,将前述的技术与实际的功能进行具象化展示。当然,虽然可能与最终的系统落地效果有一定差异,读者不必拘泥于本系统的框架,可以依据实际的大桥运营条件,设置相应的系统功能模块。

8.1 软件架构与功能

通过实际的调研跨海长大桥隧的日常运维工作,大桥的实际交通运行有三个方面的应用:①面向大桥实际的值班人员实际的运营工作;②面向大桥的运营管理人员,快速了解运营情况和数据回查,提供政策制定依据和了解执行情况;③向科研人员开放用于后台数据分析和实时数据的观察与回放。

原有的监控人员需要通过全桥的摄像头进行一定周期的巡检,这属于为数不多的主动获取信息的手段和渠道,其他信息只能被动获取,由实际事件发生,通过现场人员拨打应急电话上报,或者通过路政巡查人员反馈。尽管现有的基于视频的路侧预警设备已经配备,但其误报率过高,且难以实现全桥的全区域全天候的覆盖,存在大量的盲区。

原有的运营管理人员对全桥的运行的认知主要来自每日的运营数据报表,取决于其对全桥日常运营工作的参与程度。因此,运营管理人员的信息一般取决于原有的监控人员的反馈,信息在综合的过程中,难免丢失一部分关键信息,难以对处理方式或者政策的执行有直接的反映和反馈。

原有的科研人员往往只能获取后台的结构化数据,脱离了实际的运营工作,与实际的大桥管理和运行情况脱节。因此,目前的大桥运行情况与数据的分析完全被孤立了,实际的科研人员无法真正了解大桥的实际运营,对问题和现状的了解深度可能不够。

因此,现有的软件架构主要分为三方面:人员调度、日常监控、风险管控。在现在的全桥数字孪生的背景下,不仅需要将功能进行耦合,还可以打通所有参与方对数据的了解,进一步地强化本系统的实际落地价值,具体如图8.1-1所示,功能描述如表8.1-1所示。

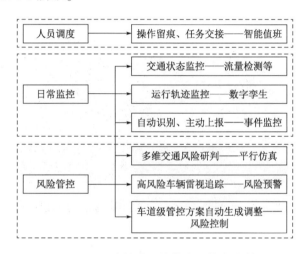

图 8.1-1　道路基础设施数字总体底座效果

道路基础设施数字总体底座功能描述表　　表 8.1-1

一级功能	二级功能	描述
人员调度	人员调度	日常值班人员记录、留痕、任务交接,等等
日常监控	1. 交通状态的监控 2. 交通运行的监控 3. 事件的自主识别与主动上报	1. 日常监控道路的流量速度等 2. 对全域车辆运动的轨迹和状态进行监控 3. 自主研判车辆的运动状态,以及配合三屏联动页面进行道路状态异常的上报
风险管控	1. 多维交通风险的研判 2. 高风险车辆的雷达追踪 3. 车道级的管控方案自动生成	1. 能够利用数据中台信息以及雷达数据信息进行自主的交通风险的多维研判 2. 对驾驶行为异常的车辆轨迹能够进行雷达的持续追踪 3. 对异常风险状态下的交通运行情况能进行自主的车道级别的管控方案响应

8.2 日常监控

8.2.1 交通状态的监控

主要包含几个方面的监控,包含当天的监控人员排班情况、当天车流量、对后续的事件监控和施工情况,以及全桥环境因素的展示,旨在实时对宏观信息进行把控。数字大屏如图 8.2-1 所示。

图 8.2-1　数据大屏示意图

其中,数字大屏左上角为当天值班领导、值班班长、应急指挥负责人,以及当前确认的事件条数等事件待办情况。

其中左侧中间为流量模块(图 8.2-2),其中流量数据应该分为两个方向,分为珠澳方向和香港方向两个方向不同的流量,当前选择方向为香港方向,用折线图表示当前流量,两个方向流量的平均值用柱状图表示。该功能无输入输出项目,为依托于全域轨迹系统的数据展示功能。

左下角是对所有的事件信息来源及事件类型进行统计(图 8.2-3),方便对全桥的事件情况有全面了解。

右上角是当前的环境因素(图 8.2-4),便于了解当前全桥的气象条件,如温度、湿度、风向、风力等天气情况。

右侧中间是目前的事件更新情况(图 8.2-5),可以了解当前的事件进度,对正在进行和完成的事情有基本的了解。这里的事件一般是指在日常监控中需要处置的事件,主要为突发事件,比如交通事件中的违法停车、抛锚等。

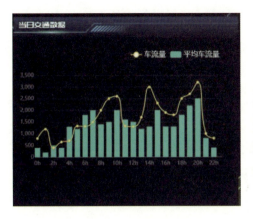

图 8.2-2 流量子模块

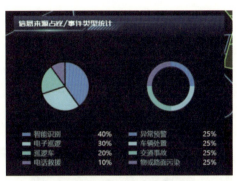

图 8.2-3 信息来源子模块

图 8.2-4 气象子模块

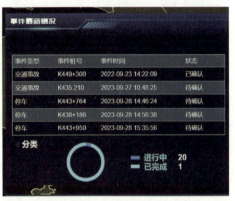

图 8.2-5 事件信息子模块

右下角是当前所有的施工项目的实时信息（图 8.2-6），了解当天施工的实时信息，便于监控人员把握施工进度，了解大桥实时的维养施工状态。

同时，系统还对年度事件的数量有一定统计（图 8.2-7），方便对确认的事件数量进行统计和总结。

图 8.2-6 施工项目信息子模块

图 8.2-7 年度事件数量统计子模块

画面的中间,是对当前风险监测后台的一个实时映射,将所有实际由雷达监测的事件的位置和情况放置在首页中,方便对全桥的实际运行的事件状态有全面的了解。

8.2.2 交通运行的监控

主要是对全域车辆的运动轨迹和状态进行监控,界面中主要包含二维车辆运动界面、三维车辆运动界面,以及监控探头界面的三屏联动页面(图8.2-8)。三者同时监控一定范围内的车辆轨迹,并能同时移动视口的范围。

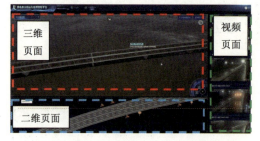

图 8.2-8 三屏联动页面示意图

在进行全桥巡检的时候,可以通过移动二维界面,此时三维界面和二维界面以及视频界面会统一移动,可以快速对全桥的通行状态有一定了解,不需要一个个不同角度的摄像头进行巡查。

此外,还可以通过对桩号进行索引,方便快速对桩号进行定位,了解对应点位的事件状态,或进行固定位置的观察。

此外,对于三屏联动页面中自定义的视频进行监控观察,需要在二维页面中移动至该页面,点击相应的摄像头,进一步地,可以逐层点击获取对应的摄像头实时监控内容,方便巡检人员在把握宏观情况的同时,快速、便捷地响应。

为了便于使用,该项功能同时还集成到了事件页面当中(图 8.2-9),作为简易的三屏联动页面,可以快速地了解事件的情况,并通过摄像头进行直接跟踪。其中,桩号索引也一并放入,都是考虑到实际的运营工作所采用的。

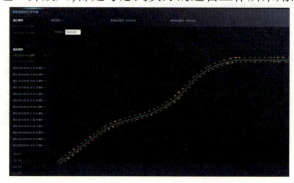

图 8.2-9 嵌入到事件界面运营效果

8.2.3　事件的自主识别与主动上报

自主研判车辆的运动状态,并配合三屏联动页面进行道路状态异常的上报,涵盖交通事故事件、施工事件与其他事件。在大桥可视化界面,分别用红色、黄色与蓝色代表对应事件,标识事件发生的具体位置,实现数字孪生,如图 8.2-10 ~ 图 8.2-12 所示。点击风险管控,可进入事件列表界面,查看事件详细信息。

图 8.2-10　智能识别事件后能够由值班员自主明确事件并上报

图 8.2-11　识别事件后的信息补充

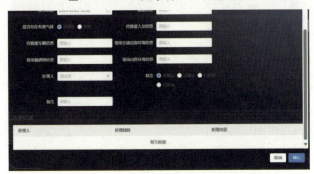

图 8.2-12　事件的进度更新界面

目前的事件自主识别大体分为两类，分别为静态事件和动态事件，施工事件作为直接的上报不在智能识别的范畴。静态事件主要为停车事件，是指事件的发生基本是静止的状态，可以通过立刻查看摄像头就能了解实际的情况，事件的时空关系是静止的。在动态事件中，比如超速、缓行等，事件发生的时空可能是时刻变动的，对于监管人员来说只需要投入一定的观察，可能不会上升到危险发生的层面，因此只是在页面中作为高风险标识，可以进行进一步监管，但是并不会直接作为危险的事件进行上报。因此，具体的事件上报的效果见图8.2-12。

关于事件上报一共有两种基本的机制。

基本流程：事件发生 > 值班员锁定事件发生位置 > 确认事件情况并上报 > 事件响应 > 值班员手动记录事件响应状态 > 结束。

备选流程：其他渠道确认事件发生（如日常人工巡查，或者工作人员电话上报等）> 值班员锁定事件发生位置 > 确认事件情况并上报 > 事件响应 > 值班员手动记录事件响应状态 > 结束。

因此，目前的事件上报还需要结合人工进行二次确认。考虑到在实际的运营工作中，一般都是期望较高的召回率，因此目前的事件智能识别是在源头增强了监管人员获取信息的主动权，增加了主动管控甚至超前管控的可能性。

8.3 风险管控

8.3.1 多维风险研判

能够利用数据中台信息以及雷达数据信息进行自主的交通风险多维研判，具体的技术手段以及算法见前文。多维风险研判效果图如图8.3-1所示。

值班员依据交通运行与风险预警系统自动研判的轨迹风险，能够快速定位全桥交通运行风险状态，从而提高巡检效率，并进行针对性的关注与管控。基本流程为：日常监控 > 出现风险状态预警 > 管理员进行相应的密切关注 > 必要的情况下进行事件上报。

该效果也会映射到主页当中做运行状态的演示。一般来说，大桥在目前的交通运行状态下，其实际运行状态都是绿色的。

图 8.3-1　多维风险研判效果图

8.3.2　高风险车辆的雷达追踪

能够对驾驶行为异常的车辆轨迹进行雷达的持续追踪，密切关注该车辆的运动状态和位置。道路营运车辆在一定的检测逻辑下，会存在高风险行为报警，如倒车、蛇形变道、超速、慢速等行为，可以进入雷达追踪模式，视角持续锁定该车辆，并且摄像头能够持续追踪车辆，从而达到密切的追踪形式。高风险车辆追踪图如图 8.3-2 所示。

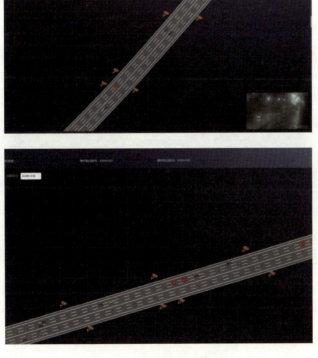

图 8.3-2　高风险车辆追踪图

8.3.3 车道级的管控方案自动生成

对于在道路运营范围内的事件,使用可变信息标志、可变限速标志、可变车道灯等设备进行现场的管控。在道路上发生了事件,包含交通事件、施工、路面破损、车辆故障等,需要进行特殊的道路管制,如改变车道控制、车速控制状态以及通过可变信息标志进行相应的展示。按照现有的控制原则,需要进行申请从而进行用灯的改变。下面就是以一起违法停车为例,当智能预警系统监测到桥上存在停车现象时,系统会自动检测出停车事件,并作为静态事件上报在事件列表当中。待现场工作人员查看相应的摄像头确认现场情况后,需要进行必要信息的完善,明确现场情况,对事件进行定性,二次确认事件所在车道及其影响范围,是否涉及多个车道。当明确为违法停车,且明显存在影响时,必要的情况下,可以进行现场的智能管控,立即辅助决策,封闭所在车道,如图 8.3-3 所示,并对相邻车道进行限速,上游可变信息标志提示驾驶人前方有违法停车事件,如图 8.3-4 所示,注意减速和避让,交通管理人员只需确认发布,同时事件的处置进度中会自动对处置的进程进行更新。在处置流程上,基于智能预警和风险管控的快速响应链条,取代了原有的依赖监控人员的高强度摄像头巡检,甚至依赖现场执法人员的电话反馈等。

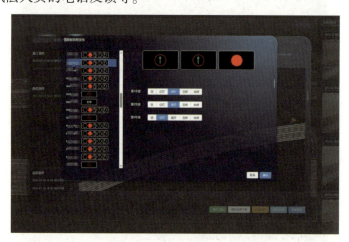

图 8.3-3 智能管控方案的车道灯以及可变限速的控制

这部分工作也分为两个流程机制。

基本流程:发生事件(严重程度不高,如车辆抛锚等) > 值班员确认情况 > 启动相应的管控方案 > 确认方案是否合理 > 确认无误即可发布 > 结束。

图 8.3-4　智能管控方案中的信息板的调整

备选流程：部分特殊情况可能需要手动接管，值班员选择相应位置管控设备 > 自定义管控方案 > 确认无误即可发布 > 结束。

CHAPTER 9 | 第 9 章

总结与展望

作为大型跨界交通基础设施项目,港珠澳大桥覆盖整个珠江口,具备战略地位和高要求的通航条件。该桥解决了香港与内地及澳门三地之间的陆路客货运输需求,并形成了跨越"港、珠、澳"三地、连接珠江东西两岸的重要陆路运输新通道。在港珠澳大桥作为"行业典型工程、重要战略地位"的背景下,保障其运营维护安全,有效防范各种交通风险成为大桥建成后的根本目标之一。

港珠澳大桥以"最高水平工程、关键行业示范"为定位,在大桥风险防范和安全运维的信息化、智能化和自动化方面进行了深入探索,承担"港珠澳大桥智能化运维技术集成应用"国家重点研发计划项目。围绕该项目,港珠澳大桥以创造高价值、引领新业态为目标,以综合管理思路开创信息感知、结构评估、维养决策、交通运行和安全管控为一体的智能运维管理系统。通过技术攻关,港珠澳大桥为粤港澳大湾区国家战略的实施、交通行业智能化技术升级以及交通运输新型基础设施工程的战略转型提供了有效的实践。

9.1 交通风险防范与安全运维成效

港珠澳大桥智能运维管理系统的全面应用,发现并解决了全场景全域全时车辆轨迹获取、复杂场景多维风险的精准辨识与干预、应急预案的自动化生成与实时优化等重大工程难题。不仅为港珠澳大桥的安全运行提供了重要支持,同时也为其他类似大型桥梁工程的设计、建设和运维提供了有益借鉴。港珠澳大桥交通运行智能监控与预警工程的实践经验为行业的发展和创新注入了新的动力,为提升大型桥梁工程的交通运行安全性和效率提供了宝贵的指导。

9.1.1 全域全时轨迹感知助力交通智能监控

港珠澳大桥考虑检测场景多样性和气候多变性的工程实际,提出了全新的基于雷达组群和视频融合的交通信息感知系统,充分发挥雷达安装方便、不受天气影响、不破坏路面、复杂环境下抗干扰能力强、后期维护便捷等优势和视频可以获得车辆个性特征的优点,实现了全域全时的实时监控,无死角盲点,覆盖大桥主桥段、隧道、收费站广场等全场景,提高监控系统抗海上不良环境能力,是交通风险防范和安全运维高质量管理的数据基础。

基于为本项目开发的轨迹跟踪提取技术,实时获取车速、位置坐标、流量等交通运行数据,为精准判定车辆行为、精确估计交通状态提供了可能,进而促进风险的实时预警。

9.1.2 实时风险预警保障运行安全

在港珠澳大桥的交通风险防范与安全运维背景下,危险驾驶行为和特殊交通事件的实时预警系统发挥着关键作用。在宏观交通流层面,基于轨迹数据提出了交通运行状态判别算法;在微观交通流驾驶行为交互层面,将全桥的车辆运行风险状态分为四类,并在地图上用不同颜色进行风险可视化。对于单车异常驾驶行为,将车辆个体的异常高风险行为分为五类:超速、连续变道、慢速、违法停车、逆行。港珠澳大桥作为示范性跨海集群工程,可以在大范围内对车辆进行跟踪,扩大车辆速度监测的覆盖范围,弥补传统风险监测技术的不足。

风险预警中,利用数据挖掘手段,基于雷视融合轨迹捕捉驾驶人违法或风险驾驶行为,实现对于风险行为的识别以及关键风险点识别,对风险时间、路段、行为进行精准定位,构建非违法异常交通行为量化特征库,留待后续分析时空分布规律,为优化交警勤务安排和道路基础设施提供数据支撑。

风险防范和预警系统基于以上算法识别出车-车间高风险行为和单车异常驾驶行为后,自动记录异常事件发生的类型、位置、车辆信息等基本信息,并向值班人员发出预警,值班人员通过对上下游视频监控的查看予以信息确认并修正,再完成上述步骤后可完成事件上报。基于上报信息,风险管控模块判断是否发出及发出预警等级,以规范高风险行为,保障港珠澳大桥车辆运行状态安全。

9.1.3 主动风险管控规范车辆行为

港珠澳智慧大桥数字孪生平行实验系统可获取准确低延时车道级轨迹数据、路况数据、气象数据、车重数据,以及数据二次处理得到的实时交通事件、交通运行状态及综合交通运行风险;基于平行推演模型构建的平行仿真系统可实现车道级交通风险信息预测,为各方提供高速公路数字可视化、交通状况安全预警、协调联动、应急指挥、大数据分析决策支持等服务。

基于构建的数字化交通运行监控平台,引入交通运行多维风险智能识别、预警与交通流主动管控系统,实现对交通运行状态的判别;最终利用车辆和路侧终端实现信息发布和运行管控,实现风险防范的逻辑闭环。

港珠澳大桥多维风险识别、预警和交通流主动管控系统将实时高速公路交通安全风险研判模型嵌入,以达到对仿真路段的交通安全风险实时研判,并对可变限速策略进行优化研究。动态可变限速策略可以更加有效地实现对交通状态的精准干预。最后引入车道控制策略,提出基于车道控制和可变限速的综合管理对策,实现了自动化管控策略生成,提高港珠澳大桥交通管控措施的时效性和精准性。

9.2 尚存问题

港珠澳大桥风险防范和安全运维尚存在以下问题。

9.2.1 风险耦合及综合治理

当前在港珠澳大桥的风险管理中存在多维风险并未得到有机整合的问题,导致缺乏对整体风险的综合治理。传统的风险管理方法通常将不同领域的风险因素视为孤立的实体,未能在整体层面上实现风险元素的融合。例如,气象条件、车辆技术状态以及人为因素等多个风险要素通常被单独考虑,而缺乏对其相互关系和协同影响的全面理解。这种分散的风险管理方法限制了对复合性风险的全面理解和综合治理。

在应对多维风险整合方面,建议采用整合性风险管理框架,例如 ISO 31000 标准所提倡的风险管理框架。该框架提供了一个全面的方法,通过将组织内各个层面的风险元素有机结合,实现了对整体风险的全面理解和协同治理。在桥梁管理中,可通过将不同维度的风险元素,如工程结构、气象、交通流量以及人为因素等,进行系统整合,形成一个统一的风险评估和治理体系。

9.2.2 驾驶行为随机性与风险概率估计

目前的风险识别方法存在一个显著缺陷,即未充分考虑交通参与者行为的随机性。当前的风险评估未能捕捉交通参与者实际行驶中行为的不确定性。实际上,驾驶人的决策、行人的行为以及其他交通参与者的临时变化都具有一定的随机性,这为风险分析引入了新的挑战。为了更准确地理解建模行为的随机性,应从概率分布的角度重新审视风险识别方法。引入概率模型和随机过程,能更好地模拟交通参与者行为的变化,并在风险评估中引入不确定性因素。这样的方法有助于更全面地理解可能发生的各种事件,从而提高对潜在风险的感知和应对能力。

9.3 未来发展趋势

港珠澳大桥以解决 120 年运维需求为目标,随着智能运维管理系统的深度应用,利用现有条件和技术手段逐步地解决了跨海长大桥隧全场景全域全时车辆轨迹获取、复杂场景多维风险的精准辨识与干预等重大工程问题,总结应用和解决问题的宝贵经验,提出未来进一步提升智能监控与预警工程的新思路。

9.3.1 车联网与路侧智能监控相结合的车辆预警管控模式

车联网是运营智能监控的拓展方向之一,目前,智能监控和预警技术正处在一个攸关未来的抉择点。港珠澳大桥的智能监控主要是围绕大桥主体结构工程而展开的,其中最主要的一项就是建立了路侧连续雷达-视频融合的监控系统,对全域车辆轨迹进行 24h 实时监控,受限于车辆智能化通信水平,未能将车辆信息主动纳入监控范围。未来,智能监控的发展将向以热点区域为主、以车为对象的管理模式转变。因此,智能交通运营监控亟待建立以车为节点的信息系统——车联网。车联网就是综合现有的电子信息技术,将每辆汽车作为一个信息源,通过无线通信手段连接到网络中,进而实现对全域范围内车辆的统一管理。主要可对港珠澳大桥运营中的以下业务需求进行优化迭代。

1)数据共享和整合

这一联动的核心是数据的共享和整合。车辆联网通过装备在车辆上的传感器和通信设备,可以实时收集各种数据,包括车辆的位置、速度、车况、乘客信息等。同时,路侧智能交通设施,如交通信号灯、摄像头、雷达等,也能监控道路上的交通情况。通过互联网连接,车辆和路侧设施可以共享这些数据。

2) 实时交通监控和优化

车辆联网的数据可以用于实时交通监控。例如,摄像头和雷达设备可以检测拥堵、事故和违规行为,而车辆数据可以提供更多交通信息。这些数据被传输到中央控制系统,用于智能交通信号灯控制。通过实时调整信号灯的时序,交通管理部门可以减少拥堵并优化交通流量。

3) 智能导航和路线规划

车辆联网数据可以用于智能导航系统,为驾驶人提供实时的路况信息和建议的路线。这些系统可以分析路侧设施传来的数据,包括交通信号灯状态、事故信息等,以提供最佳的路线选择。这可以节省时间和燃料,并减少交通拥堵的影响。

4) 紧急事件响应

当发生紧急事件或交通事故时,路侧智能设施可以向中央控制系统发送警报。这些警报信息可以与附近车辆的车联网系统共享,从而提醒驾驶人采取适当的行动,减少事故后果。同时,紧急救援团队也可以更快速地响应事件。

5) 车辆健康监测和维护

车辆联网还可以用于监测车辆的健康状况。例如,传感器可以监测发动机的性能、制动系统的状态等。如果系统检测到问题,它可以向车主和车辆管理部门发送警报,以预防潜在的机械故障和交通事故。

总的来说,车联网与路侧智能交通设施的联动通过数据共享和智能控制,为交通管理部门提供了更精确的工具,以提高交通系统的效率、安全性和便捷性。这种联动的成功依赖高度可靠的通信网络和先进的数据分析技术,以确保实时数据的传输和处理。这一趋势将在未来继续发展,为跨境交通带来更多创新和改进。

9.3.2 完善交通运行态势精确感知和智能化调控

交通运行态势的精确感知和智能化调控在跨境交通管理中扮演着至关重要

的角色。港珠澳大桥的交通管理已经取得了一定的成就,但随着智能监测技术的不断提升,未来的更多元数据采集融入和智能化调控将迎来更大的变革,包括以下方面:

1) 多维数据的精确感知

港珠澳大桥智能运维系统已经实现了多维数据的融合,包括天气、气象、事件等信息。未来,智能监测系统将继续发展,集成更多数据源,如手机信令、车辆通信信息、社交媒体数据等。这些数据将提供更全面的交通态势感知,包括实时交通状况、道路条件、车辆密度等多个方面的信息,为决策者提供更精准的数据基础。

2) 精细化的终端调控

随着交通数据的精确感知和研判能力的提升,交通管理可以实施更精细化的终端调控。例如,交通控制策略可以根据实时车辆流量和拥堵情况进行更快捷准确的动态调整,以优化交通流量。智能导航系统可以向驾驶人提供个性化的路线建议,避开拥堵路段。这种终端调控可以显著提高交通系统的效率。

3) 预测性维护和紧急响应

更完善的环境信息、天气数据等可以帮助预测道路条件的变化,如雨雪、大风等,从而采取预防措施。此外,交通事件的实时检测和响应也将变得更加精准,减少事故的发生和交通阻塞的持续时间。

综上所述,随着技术的进步和数据的不断增加,港珠澳大桥的交通管理将迎来更精准、智能化的未来。大数据分析、机器学习、智能交通系统等技术将在实现精确感知和智能化调控方面发挥关键作用,为提高交通运行效率、降低事故风险和改善城市交通提供强大支持。同时,数据安全和隐私保护也需要成为重要的考虑因素,以确保数据的合法和安全使用。

9.3.3 重点车辆动态信息共享和协同调控

重点车辆动态信息共享和协同调控对于物流运输行业的发展至关重要。物流运输在粤港澳三地的交通出行组成中扮演着重要角色。由于物流运输通常由专业性运输团队负责,与普通客车的驾驶行为有明显不同,因此一旦发生事故,

可能会导致更严重的损失。为了应对这些挑战,未来可以采取一系列措施,包括以下几个方面:

1) 车辆集散和协调

为了提高物流运输的效率和安全性,可以实施车辆集散和协调措施。这可以通过智能物流平台实现,其中包括运输调度、路线规划、货物跟踪等功能。专业的运输团队可以通过这些平台实时获取订单,协同完成任务,提高货物的运输效率。

2) 动态信息共享

专业物流运输团队需要实时的动态信息,以便做出决策。这包括实时交通信息、道路状况、天气预报、货物状态等。通过与交通管理部门、气象局和物流企业的信息共享,物流车辆可以更好地规划路线,避免拥堵和不良天气条件。

3) 运行状态风险辨识

为了降低事故风险,可以开发针对重点车辆的运行状态风险辨识系统。这种系统可以监测车辆的行驶状态,包括车速、制动情况、驾驶人行为(如疲劳驾驶、分心驾驶)等。一旦系统检测到潜在的危险行为,可以向驾驶员和物流管理中心发送警报。

4) 应急响应和主动安全保障

物流车辆需要具备新型应急响应能力,以应对突发情况,包括主动安全技术(如智能货运车列、车辆稳定控制系统、碰撞预防系统、危险驾驶行为提醒系统)等,以提高车辆的安全性。

总的来说,通过采用先进的技术和综合性解决方案,可以提高重点车辆的运营效率和安全性。这不仅有助于降低事故风险,还可以提高货物运输的可靠性和及时性,从而促进物流运输行业的可持续发展。

参 考 文 献

[1] EADS B S, ROUPHAIL N M, MAY A D, et al. Freeway facility methodology in highway capacity manual 2000[J]. Transportation Research Record, 2000, 1710(1):171-180.

[2] HADI M, XIAO Y, ZHAN C J, et al. Assessing the benefits of incident management systems: combining freeway facility procedures from the highway capacity manual and data archives of intelligent transportation systems[J]. Transportation Research Record, 2010, 2173(1): 115-122.

[3] 蒋鹏,王乐.高速公路桥墩结构安全监测系统设计与实现[J].工程与建设,2019,33(4):528-531.

[4] 王身宁,孙发军,赵文秀.公路桥梁智能监测探究[J].工程技术研究,2019,4(18):100-101.

[5] 何林兴.物联网在智慧公路中的应用[J].电子技术与软件工程,2021,(13):10-11.

[6] KIM K, IM J, JEE G. Tunnel facility based vehicle localization in highway tunnel using 3D LIDAR[J]. Ieee Transactions on Intelligent Transportation Systems, 2022, 23(10): 17575-17583.

[7] 胡颖雷.基于物联网的智慧公路运行监控技术[J].科学技术创新,2022,(7):85-88.

[8] 宿永辉,欧阳涛,潘新福,等.面向高速公路连续瓶颈的协同可变限速控制[J].交通运输工程与信息学报,2024.

[9] 李薇.可变限速技术为恶劣天气高速行车安全"加码"[J].中国公路,2022,(11):118-119.

[10] 徐建闽,廖冬梅,马莹莹.高速公路事故瓶颈区域可变限速控制方法[J].重庆交通大学学报(自然科学版),2022,41(11):25-33.

[11] 韩磊,张轮,郭为安.混合交通流环境下基于改进强化学习的可变限速控制

策略[J].交通运输系统工程与信息,2023,23(3):110-122.

[12] 唐进君,付强,王骋程,等.高速公路可变限速控制策略多目标优化[J].交通运输系统工程与信息,2023,23(2):252-261.

[13] 余荣杰,徐灵,章锐辞.基于多智能体深度强化学习的高速公路可变限速协同控制方法[J].同济大学学报(自然科学版),2024,52(7):1089-1098.

[14] 张建华,赵晓华,欧居尚,等.雾天桥梁可变限速值的效用评估及优化[J].华南理工大学学报(自然科学版),2024,52(1):127-138.

[15] 姜晨阳,陈旭梅,刘文峰,等.国内外公路气象信息系统标准综述[J].交通信息与安全,2011,29(2):133-138.

[16] 廖文洲.高速公路气象站的选址及布设[J].中国公路,2016,(7):76-79.

[17] 吴健,陆斌,张丽,等.高速公路自动气象站建设标准研究与应用[J].数字技术与应用,2021,39(12):50-52.

[18] REN F, ZHANG L Z, LI H. IoT-enabled highway safety pre warning system [C]//Proceedings of the International Conference on Internet of Things Design and Implementation, 2019: 283-284.

[19] SINGH R, SHARMA R, AKRAM S V, et al. Highway 4.0: Digitalization of highways for vulnerable road safety development with intelligent IoT sensors and machine learning[J]. Safety Science, 2021, 143:105-125.

[20] RAHMAN M A, MUKTA M Y, ASYHARI A T, et al. Renewable energy redistribution via multiscale IoT for 6G-oriented green highway management [J]. Ieee Transactions on Intelligent Transportation Systems, 2022, 23(12): 71-80.

[21] 李卓,曹校勇,李弘博,等.基于LoRa物联网的公路隧道按需照明控制系统[J].公路,2022,67(5):298-302.

[22] 张龙,白旭光,田腾飞,等.基于物联网的公路工程边坡智能动态监测系统研究[J].公路,2022,67(9):122-127.

[23] 冯傲岸.基于物联网和大数据应用的高速公路机电系统数字监测与运维[J].信息系统工程,2023,(9):20-23.

[24] 黄志斌.大数据时代基于物联网技术的智慧高速公路思考[J].交通科技

与管理,2023,4(5):189-191.

[25] 刘振佳.BIM物联网在高速公路服务区中的应用探析[J].中国交通信息化,2023,(3):85-87.

[26] 杨云舒.物联网在智能高速公路中的应用[J].质量与市场,2023,(14):175-177.

[27] JIANG F, MA L, BROYD T, et al. Building digital twins of existing highways using map data based on engineering expertise[J]. Automation in Construction, 2022, 134.

[28] 张宇琳,尚可,张飞舟.基于数字孪生技术的异质交通流安全性研究[J].北京大学学报(自然科学版),2022,58(5):888-896.

[29] 徐哲.基于数字孪生的虚实混合交通场景仿真[D].西安:长安大学,2023.

[30] 许华杰,朱启政,陈勇,等.基于数字孪生的数字化交通规划探索与实践[J].交通与运输,2023,36(S1):156-160.

[31] PAN Y D, WANG M D, LU L J, et al. Scan-to-graph: Automatic generation and representation of highway geometric digital twins from point cloud data[J]. Automation in Construction, 2024, 166.

[32] YANG X, YU S C, WANG J, et al. Application of a digital twin for highway tunnels based on multi-sensor and information fusion[J]. Frontiers in Physics, 2024, 12.

[33] 李小松,于鹏程,胡伟超,等.数字孪生模型构建关键技术概述及在道路交通管理中的应用[J].道路交通管理,2024,(3):36-39.

[34] 孙剑,秦国阳.道路交通系统数字孪生:概念、成熟度分级与研究展望[J].中国公路学报,2024,37(7):218-236.

[35] 王健.V型海底隧道交通流运行特性及其模型研究[D].青岛:青岛理工大学,2018.

[36] 袁观虎.大型桥梁交通运行状态影响评估模型研究[D].西安:长安大学,2015.

[37] 张志永.大型桥梁隧道交通综合管控系统研究[D].北京:北方工业大学,2017.

[38] 丁鹏,黎小刚,史喜华,等.基于BIM技术的轨道桥梁运维平台构建与应用

[J].电子设计工程,2021,29(23):30-34.

[39] 辛奇峰.基于深度学习的目标检测技术在隧道运维中的应用[J].科学技术创新,2021,(11):51-55.

[40] 钟璐,孟碧波,袁景凌,等.基于数据挖掘技术的城市隧道交通流分析[J].计算机与数字工程,2008,(5):196-198.

[41] 段国钦,苏权科,周伟.特大型跨海桥隧工程营运服务水平评价指标体系研究[J].公路交通科技,2011,(5):141-145.

[42] 晋亚丽.港珠澳大桥运维管理存在的问题及改进对策研究[D].广州:广州大学,2020.

[43] 于业斌.高速公路非常态交通预警研究[D].北京:中国人民公安大学,2018.

[44] 苑敬雅,朱茵.高速公路交通流分析与安全预警机制研究[J].中国安全科学学报,2016,26(9):146-150.

[45] 褚瑞娟.高速公路交通运行状态判别与预测方法研究[D].吉林:吉林大学,2021.

[46] 郑沿辉.基于车牌识别的深中通道交通监管方案设计[D].吉林:吉林大学,2019.

[47] 郑凯.基于多源数据的城市桥隧结合段交通运行风险预测方法研究[D].广州:华南理工大学,2019.

[48] 王枥颖.基于桥梁安全交通流引导管理系统的研制与开发[D].南宁:广西大学,2018.

[49] 任洁心.基于视频和雷达检测信息融合的智能交通监控系统[D].南京:南京理工大学,2020.

[50] 周命端,姬旭,王坚,等.智能交通车辆位置单历元RTK/5G云端监控系统设计与实现[J].现代电子技术,2022,45(6):14-20.

[51] 李江,周永川,陈建忠,等.港珠澳大桥主体工程技术协同管理与创新成果 交通工程篇[M].北京:人民交通出版社股份有限公司,2023.

[52] 王俊骅,宋昊,景强,等.基于毫米波雷达组群的全域车辆轨迹检测技术方法[J].中国公路学报,2022,35(12):181-192.